历史穿越报

元朝卷

彭凡 著

化学工业出版社

·北京·

图书在版编目（CIP）数据

历史穿越报.元朝卷/彭凡著.—北京：化学工业出版社，2018.9（2024.7重印）
　ISBN 978-7-122-32675-1

　Ⅰ.①历… Ⅱ.①彭… Ⅲ.①中国历史-元代-青少年读物 Ⅳ.①K209

中国版本图书馆CIP数据核字（2018）第159892号

责任编辑：刘亚琦　丁尚林　　　　　　装帧设计：尹琳琳
责任校对：王素芹

出版发行：化学工业出版社（北京市东城区青年湖南街13号　邮政编码100011）
印　　装：天津裕同印刷有限公司
710mm×1000mm　1/16　印张12¾　2024年7月北京第1版第11次印刷

购书咨询：010-64518888　　售后服务：010-64518899
网　　址：http://www.cip.com.cn
凡购买本书，如有缺损质量问题，本社销售中心负责调换。

定　　价：39.80元　　　　　　　　　　　　　　　版权所有　违者必究

元朝帝王世系表

谥号／庙号	姓名	在位时间
蒙 古		
元太祖	孛儿只斤·铁木真	1206—1227 年
监国	孛儿只斤·拖雷	1228—1229 年
元太宗	孛儿只斤·窝阔台	1229—1241 年
元太宗后	乃马真后	1242—1246 年
元定宗	孛儿只斤·贵由	1246—1248 年
元定宗后	海迷失后	1249—1251 年
元宪宗	孛儿只斤·蒙哥	1251—1259 年
元世祖	孛儿只斤·忽必烈	1260—1270 年
元 朝		
元世祖	孛儿只斤·忽必烈	1271—1294 年
元成宗	孛儿只斤·铁穆耳	1295—1307 年
元武宗	孛儿只斤·海山	1308—1311 年
元仁宗	孛儿只斤·爱育黎拔力八达	1312—1320 年
元英宗	孛儿只斤·硕德八剌	1321—1323 年
元泰定帝	孛儿只斤·也孙铁木儿	1324—1328 年
元天顺帝	孛儿只斤·阿速吉八	1328 年
元文宗	孛儿只斤·图帖睦尔	1328 年
元明宗	孛儿只斤·和世㻋	1329 年—1332 年
元宁宗	孛儿只斤·懿璘质班	1332—1333 年
元顺帝	孛儿只斤·妥懽帖睦尔	1333—1368 年

元朝卷

前 言

　　一般的历史书，记录的都是过去的回忆。但是，我相信，人们更想亲自回到古代，看看古人的真实生活、历史的真实面貌。

　　如果回到过去，你会发现，那时的土地，就像现在的房子一样金贵；那时的人们渴望飞上蓝天，就像我们今天渴望到达宇宙边缘一样执着；那时的人们发明火药、指南针，就像现在我们发明了电脑一样伟大……

　　那时虽然没有电视，没有网络，但也有数不完、道不尽的新闻。那时的人和现在的我们一样，也要学习、工作和娱乐，也会七嘴八舌地讨论当时最流行的话题，疯狂地崇拜明星。

　　例如，当花木兰从战场上回来后，女扮男装成了一种时尚；

　　当岳飞被秦桧害死后，老百姓一边痛骂秦桧，一边怀疑岳飞的真正死因；

　　当朱元璋从一个放牛娃变成皇帝后，全天下的放牛娃都受到了鼓舞；

　　……

　　现在，你是不是迫不及待地想回到古代，在第一时间了解这些新闻呢？别急，我们已经派人穿越到过去，将你想知道的事情一一记录下来，刊登在《历史穿越报》上啦。

　　为了方便大家阅读，我们将《历史穿越报》做成了合订本，一共

10本，每本12期，分别介绍了从夏朝到清朝十个阶段的历史。

我们的记者队伍非常庞大，他们分布在全国各地，将自己身边发生的新鲜事儿记录下来，寄到我们的编辑部。在这些记者中，有人喜欢记录重大事件，我们将这些稿件放在"天下风云"栏目；还有人喜欢搜集趣闻八卦，我们将这些稿件放在"八卦驿站"栏目。

《历史穿越报》还有一批非常勤奋的通讯员，每天穿梭在各大茶馆。不过，他们可不是去喝茶的哦，而是为了搜集百姓的心声，然后刊登在"百姓茶馆"栏目中。

我们还有一位大嘴记者，专门负责采访当时最杰出，或者最有争议的人物。他是一个非常大胆的家伙，就算是皇帝，他也要刁难一下，大人物对他的采访又是期待又是害怕。

此外，编辑们还选出了一部分读者来信和广告，刊登在报纸上。

总之，每一期报纸，既有精彩好看的新闻报道、另类幽默的名人访谈，又有轻松搞笑的卡通漫画、五花八门的宣传广告……翻开这本书，就如同亲身穿越神秘的上下五千年。

希望大家在读完这份报纸后，能更真切地了解中国五千年的历史，并能从中习得经验和教训，获得知识、勇气和快乐，让我们的穿越工夫没有白费。

目　录

第❶期　黄金家族

【烽火快报】　亲家成仇家，蒙古可汗俺巴孩惨死 ·· 13
【天下风云】　身必有首，衣必有领→合不勒汗访金，惹来祸患→抢了一个漂亮新娘→定了一门娃娃亲→铁木真一家被蒙古贵族开除了→铁木真与王罕结成"父子之盟"→铁木真的妻子被抢走了→札木合想赶走三次结拜的安答 ·· 14
【八卦驿站】　世界的主宰——长生天 ·· 28
【名人有约】　特约嘉宾：也速该 ·· 29
【广 告 铺】　儿子铁木真满月邀请函→招巫师→求联姻 ·· 31

第❷期　铁木真统一蒙古

【烽火快报】　铁木真做了蒙古可汗 ·· 33
【天下风云】　十三翼之战，谁是赢家→"札木合联盟"卷土重来→铁木真灭塔塔儿部→"父亲"背信弃义，"儿子"毫不计较→"父子"反目成仇→草原怎能有两个皇帝→给一名掌印官的回信 ·· 34
【八卦驿站】　诚实的神箭手哲别 ·· 47
【名人有约】　特约嘉宾：铁木真 ·· 48
【广 告 铺】　军令→摔跤比武大赛即将开幕→招驯马师 ·· 50

第❸期 成吉思汗的对外征战

【烽火快报】 铁木真被推举为"成吉思汗" ············· 52

【天下风云】 君子报仇，十年不晚→到底让哪个儿子继承汗位→征讨花剌子模国 ············· 53

【新闻广场】 法典（大扎撒）→塔塔统阿和蒙古文 ············· 60

【八卦驿站】 "成吉思汗"的来历 ············· 62

【名人有约】 特约嘉宾：丘处机 ············· 63

【广 告 铺】 全民皆兵→服兵役公告→《大扎撒》节选→关于组建万人近卫军的公告 ············· 65

【智者为王】 智者第1关 ············· 66

第❹期 天骄陨落，征战不止

【烽火快报】 西夏人被蒙古军杀光了 ············· 68

【天下风云】 蒙古与金国暂时讲和→拖雷代替窝阔台而死→蒙古联合宋国灭金→怎样劝大汗不要屠城→打到多瑙河去 ············· 69

【八卦驿站】 视金银为粪土的大汗 ············· 78

【名人有约】 特约嘉宾：拖雷 ············· 79

【广 告 铺】 求人带路→《蒙古秘史》新鲜出炉→定都公告 ············· 81

第❺期　皇后专权和蒙古西征

- 【烽火快报】喝酒喝死的大汗 ……………………………………………… 83
- 【天下风云】乃马真扰乱朝政→又一个皇后专权→黑衣大食哈里发有难→
  四大汗国 ……………………………………………………………… 84
- 【八卦驿站】揭秘蒙古大汗的葬礼 ………………………………………… 91
- 【名人有约】特约嘉宾：蒙哥 ……………………………………………… 92
- 【广　告　铺】出售《鲁布鲁克东行记》→转卖罕见大银鼠→倡导书 …… 94

第❻期　可汗之争

- 【烽火快报】一个国家，两个可汗 ………………………………………… 96
- 【绝密档案】忽必烈与蒙哥解除误会 ……………………………………… 97
- 【天下风云】两个可汗之间的战争→忽必烈不再重用汉人→
  海都想发动叛乱 ……………………………………………………… 99
- 【新闻广场】八思巴字横空出世 …………………………………………… 105
- 【八卦驿站】忽必烈赐名"涮羊肉" ……………………………………… 106
- 【名人有约】特约嘉宾：察必 ……………………………………………… 107
- 【广　告　铺】金莲川幕府招贤纳士→忽必烈的诏书→官员的放假安排 … 109
- 【智者为王】智者第2关 …………………………………………………… 110

第❼期 忽必烈统一中国

【烽火快报】蒙古骑兵攻入南宋 ················ 112
【天下风云】一个奸臣亡了一个国家→皇帝仁慈,请大家不要再反抗→放牧好,还是种田好→东方皇帝与西方教皇的通信→马可·波罗和他的游记 ················ 113
【八卦驿站】来自尼波罗的优秀工艺师 ················ 122
【名人有约】特约嘉宾:忽必烈 ················ 123
【广 告 铺】建立新都城的公告→不提倡诗文→发农具啦 ················ 125

第❽期 忽必烈远征日本

【烽火快报】元朝要和日本开战啦 ················ 127
【天下风云】忽必烈远征日本,两次败给"神风"→乃颜造反,忽必烈御驾亲征→一斗米换一斗珍珠→用钞票量刑合适吗 ················ 128
【八卦驿站】赵孟頫与妻子管道昇 ················ 136
【名人有约】特约嘉宾:郭守敬 ················ 137
【广 告 铺】元世祖的对外政策→悔过书→立储诏书 ················ 139

第 9 期　元仁宗坐拥"世界之都"

【烽火快报】　铁穆耳得到传国玉玺·················141
【天下风云】　最正直的大臣不忽木→大胆秃剌，竟敢对皇帝无礼→
　　　　　　　想让自己的儿子继承皇位·················142
【新闻广场】　黄道婆"衣被天下"···················148
【八卦驿站】　胡长孺巧辨偷衣人→张养浩与"四知堂"··········150
【名人有约】　特约嘉宾：爱育黎拔力八达···············152
【广 告 铺】　求马致远的作品全集→看戏请到"红牡丹"戏园子·····154
【智者为王】　智者第3关·······················155

第 10 期　除奸与崇佛

【烽火快报】　孙子不买奶奶的账····················157
【天下风云】　亦列失八造反，拜住救驾→奸臣铁木迭儿的末日→佛祖能抵挡天
　　　　　　　灾吗→人分四等，汉人受尽歧视··············158
【新闻广场】　关汉卿与"千古奇冤"··················167
【八卦驿站】　笑话也能治病······················169
【名人有约】　特约嘉宾：也孙铁木儿··················170
【广 告 铺】　建八思巴殿的诏书→皇帝受戒的诏书→保护黄帝陵的法令···172

第11期 宫廷大乱

- 【烽火快报】同一年，出现三个皇帝 ⋯⋯⋯⋯⋯⋯⋯⋯⋯⋯ 174
- 【天下风云】文宗"让德"，明宗惨遭毒手→皇上暗示我杀八不沙吗→
  施巧计赶走伯颜 ⋯⋯⋯⋯⋯⋯⋯⋯⋯⋯⋯⋯⋯⋯⋯⋯⋯⋯ 175
- 【新闻广场】能诗能画的王冕 ⋯⋯⋯⋯⋯⋯⋯⋯⋯⋯⋯⋯⋯⋯ 182
- 【八卦驿站】神话中得来的灵感 ⋯⋯⋯⋯⋯⋯⋯⋯⋯⋯⋯⋯⋯ 183
- 【名人有约】特约嘉宾：妥懽帖睦尔 ⋯⋯⋯⋯⋯⋯⋯⋯⋯⋯⋯ 184
- 【广 告 铺】嘉奖令→《倩女离魂》要上演啦→
  欢迎光临"元四家"画馆 ⋯⋯⋯⋯⋯⋯⋯⋯⋯⋯⋯⋯⋯⋯ 186

第12期 从哪儿来，回哪儿去

- 【烽火快报】"开河"悲剧，引来革命风雨 ⋯⋯⋯⋯⋯⋯⋯⋯⋯ 188
- 【天下风云】莫道石人一只眼，此物一出天下反→奸臣当道，脱脱被迫
  自杀→找陈友谅报仇→从哪儿来，回哪儿去 ⋯⋯⋯⋯⋯⋯ 189
- 【八卦驿站】奇男子王保保 ⋯⋯⋯⋯⋯⋯⋯⋯⋯⋯⋯⋯⋯⋯⋯ 197
- 【名人有约】特约嘉宾：刘伯温 ⋯⋯⋯⋯⋯⋯⋯⋯⋯⋯⋯⋯⋯ 199
- 【广 告 铺】乘龙舟活动通知→加入红巾军吧→《正宫·醉太平》⋯ 201
- 【智者为王】智者第4关 ⋯⋯⋯⋯⋯⋯⋯⋯⋯⋯⋯⋯⋯⋯⋯⋯ 202
- 【智者为王答案】⋯⋯⋯⋯⋯⋯⋯⋯⋯⋯⋯⋯⋯⋯⋯⋯⋯⋯⋯ 203

第1期

〖公元1146年—公元1189年〗

黄金家族

穿越必读

公元11~12世纪，蒙古草原上出现了一个很有声望的家族——"黄金家族"。从此，蒙古部越来越强大，与周边各部如塔塔儿部、乃蛮部，及金国的冲突也日益明显。蒙古可汗俺巴孩惨死于塔塔儿人与金人手中之后，蒙古部复仇的烈焰开始燃烧……

亲家成仇家，蒙古可汗俺巴孩惨死
——来自蒙古草原的快报

这是公元 1146 年，前不久，草原上的蒙古部落可汗（"首领"的意思）俺巴孩将女儿嫁给了塔塔儿部落。

成亲那天，为了表示友好，俺巴孩亲自将女儿送到了塔塔儿部。大家载歌载舞，好不欢乐。就在此时，塔塔儿人却突然将俺巴孩绑了起来。

原来，塔塔儿人早就和草原上的老大——金国人勾结在一起，把蒙古人视作眼中钉了。现在，俺巴孩自投罗网，他们怎么会放掉这个机会呢？

来自蒙古草原的加密快报！

为了向金国人讨好，他们将俺巴孩押到了金国。金人用最残忍的方式，将俺巴孩钉死在木驴上。

临死前，俺巴孩悔恨不已，让手下给自己的儿子合答安太子和兄弟忽图剌捎话说："我死之后，汗位就交给你们了，你们要记住我这个血的教训，以后千万别亲自送女儿出嫁。还有，一定要替我报仇雪恨，就算指甲磨尽，手指头磨破，也不能改变这个信念！"

就这样，亲家转眼间成了仇家，蒙古部落和塔塔儿部结下了血海深仇。

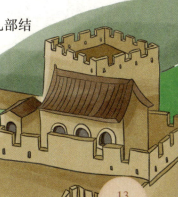

身必有首，衣必有领

大约公元11～12世纪，蒙古高原上散布着一些草原游牧部落。他们大小不等，各自独立，又相互混战。

草原上有一户人家，家中有五个兄弟，总是彼此看对方不顺眼，经常打架。

有一天，他们的母亲阿兰豁（huō）阿（即蒙古人的圣母）把他们叫到一起，发给他们每人一支箭，说："现在你们把自己手中的箭折断。"五兄弟很轻易地就折断了。

阿兰豁阿又把五支箭捆在一起，说："现在你们把它也折断。"

这下，可把五兄弟给难住了。他们轮流上阵，用尽了吃奶的力气，还是折不断那五支箭。于是，阿兰豁阿说："你们都是我的儿子，刚才你们也看到了，如果你们不齐心，就会像一支箭一样，很容易就被人折断。但是如果你们能够齐心，像五支箭牢牢地捆在一起，就不会受别人欺负了。"

可惜的是，五兄弟没有把母亲的话听进去。母亲死后，兄弟五人就分了家。四个哥哥觉得弟弟孛（bó）端察儿很笨，于是不把他当兄弟,也就没有给他分财产。

孛端察儿只好骑马离开了家,顺着斡(wò)难河水,走到一个很远的地方安了家。其实孛端察儿虽然看起来笨,实际上却有大智慧。没多久,他就靠着勤劳的双手,过上了好日子。

有一天,他的三哥不忽合塔吉突然想他了,便想把他找回来。孛端察儿跟在哥哥的后面一直念:"身必有首,衣必有领。"

三哥有点儿不耐烦,就说:"你老念叨这句,什么意思啊?"

孛端察儿连忙说:"就像身体离不开脑袋,衣服少不了领子,草原上的人们不分贵贱,不分大小,也没有头领,我们何不把他们掳获了呢?"

三哥觉得弟弟的话说得很对,于是马上召集五个兄弟聚在一起,同心协力地征服了草原上的人们。孛端察儿就成了孛儿只斤氏的祖先,人们把他们称作"黄金家族"。

后来,孛端察儿的后人哈赤·海都建立了第一个蒙古人的王国(蒙古乞颜国),成了蒙古第一个可汗。

合不勒汗访金，惹来祸患

海都死后，他的孙子合不勒汗带领着蒙古人，团结得如同一根拧紧的绳索，渐渐引起了外族人的注意，尤其是当时中国北方最强大的国家——金国。

一天，金国国王邀请合不勒汗去他们那儿做客，金国国王见他长得五大三粗，穿得又简单寒酸，打心眼儿里瞧不起他。

坐在这群衣着华丽的金国贵族身边，合不勒汗心里很不是滋味。酒足饭饱之后，他醉醺醺地走到金国国王面前，撩起他的胡子把玩。大臣们见了，笑得前俯后仰。

金国国王非常生气，心想：真是个不懂礼数的野蛮人！可转念一想，既然他们这么落后，何不征服他们？于是出兵攻击。没想到这个"野蛮人"英勇善战，把金兵打得落花流水。

金国人吃了亏，害怕这个部落继续壮大威胁到自己国家，便收买了蒙古草原上五大部落之一的塔塔儿部，共同对付蒙古部。

塔塔儿部和蒙古人一样是游牧民族，关系时好时坏。好的时候可以一起吃肉、喝酒，坏的时候则兵刃相接。

合不勒汗死后，俺巴孩继承了汗位。为了缓和与塔塔儿人的矛盾，俺巴孩把自己的女儿嫁给了塔塔儿人，没想到却中了计，引发了一场悲剧。

抢了一个漂亮新娘

为了给俺巴孩报仇，忽图剌继位后，接连向塔塔儿人发动了 13 次战争，但都未成功。在战争中，忽图剌的侄子、乞颜部落的首领也速该脱颖而出。

有一天，也速该出去打猎。半路上，他骑马路过篾儿乞部，看到有个新郎刚刚娶妻归来。

新娘名叫月伦（也译作诃额仑），是个非常美貌的女子。也速该心想：要是她能够成为我的妻子，那该有多好啊！

于是，他调转马头，回家请哥哥和弟弟帮忙，要抢走这个新娘。

新郎得知后，急忙带着新娘朝一座小山上跑去，也速该三兄弟在后面紧追不放。

新娘见了，急得朝新郎大喊："你赶紧逃走吧，留住性命，还怕娶不到老婆吗？"

新郎听了新娘的话，就骑马逃跑了。

俗话说得好，胜者为王败者寇。因为蒙古人崇尚力量与勇气，所以抢婚是件很平常的事，而月伦见也速该是个敢作敢为的男子汉，也就心甘情愿地嫁给了他。

没多久，月伦就生下了一个大胖小子。而当时，也速该和塔塔儿人打了一个大胜仗，抓回了两个俘虏，其中有一个首领叫铁木真。

也速该得意之极，就给儿子取名铁木真，以纪念这次胜利。

定了一门娃娃亲

铁木真九岁的时候,为了让孩子不用像自己那样去抢婚,也速该准备给他寻一门亲事。

草原上的男人满12岁就可以结亲了,但同一氏族的贵族是不能通婚的。所以,要想娶到一个好老婆,必须去别的氏族求婚。到哪儿去给儿子找个称心如意的媳妇呢?想来想去,也速该决定带铁木真去妻子月伦的部落。

在路上,他碰到了他的老朋友——弘吉剌部的贵族特薛禅。

特薛禅问:"老朋友,你这是去哪儿啊?"

也速该说:"我这是去给儿子寻门好亲事呢。"

特薛禅听了,惊奇地说:"我昨夜做一个梦,梦见一只海东青(鹰,大型猛禽)抓着日月落到了我的手中。这日月是天上的东西,只能观望,却送到了我的手中。你儿子目中有火,面上有光,不就像日月一样来到了我的身边吗?你又何必跑那么远找媳妇呢,我正有一个女儿,年满十岁,他俩不正合适吗?"说着,把也速该父子请到家中。

也速该一看,他的女儿长得又漂亮又有福相,觉得很满意,第二天就定下了这门亲事。

按照蒙古的习惯,男女联姻后,女婿得在岳父家里住一年。

于是,也速该把马留下作聘礼,告别亲家和铁木真后,就风尘仆仆地往回赶。

天下风云

> 你好，我十岁了。

> 我叫铁木真，今年九岁。

途中经过塔塔儿部落时，正好赶上他们正在举行宴会。蒙古有个习俗，碰上有人就餐，要下马以表示尊重，而且还可以不经主人同意就一起用餐。

也速该正好有点儿口渴，于是下马向塔塔儿人讨水喝。

塔塔儿人认出了也速该，想起了旧仇，就在也速该的酒中下了毒。

也速该喝了酒，又上路了，走到半路，感觉到身体很不舒服，又强撑了三天三夜后，回到家里已经是奄奄一息了。

临终前，他对家人说："铁木真现在在他的新娘家里，快把他接回来！我是被塔塔儿人暗害了，你们一定要为我报仇啊！"

蒙古和塔塔儿之间的世仇，又添上了一笔血债。

铁木真一家被蒙古贵族开除了

也速该死后,铁木真一家的地位一下子垮了,其他贵族也不把他们放在眼里了。

那年春天,俺巴孩汗的两个妻子带领所有贵族,前往祭祀之地,为祖先举行祭奠仪式。她们故意不通知月伦,还以迟到为理由,不给他们分享祭祀的食物。

月伦非常气愤,说:"也速该虽然死了,但他还有儿子,为什么不给我们分祭品?"

俺巴孩汗的妃子们嘲笑道:"谁都没有义务给你分吃的,有吃的你就吃,没吃的你就闭嘴,这样大声嚷嚷,像什么话!为了惩罚你们,你们以后就留在这里好了!"

第二天,贵族泰赤乌氏(和乞颜部一样,都是孛儿只斤氏的一部分)便丢下铁木真一家,率先迁走,其他人也陆陆续续地跟着离开了。

当族里的一位老人出面劝阻时,他们却大言不惭地说:"深水干了,坚石碎了,跟着他们没有用了。"说完,他们还把老人的脊背刺伤了。

月伦听到这件事后,跨上马背,举起丈夫留下的部落缨旗,以最快的速度赶了过去,对那些人斥责道:"我的丈夫保护你们这么多年,你们怎么能忘恩负义?如果你们还有良心的话,就随这面缨旗回去!"

一些人念在旧日的情分上,跟她回去了,但大部分人还是跟着泰赤乌氏走了。过了没多久,留下来的这批人见跟着月伦确实没有什么希望,又

天下风云

你们已经被除名了！

纷纷离开，去投靠泰赤乌氏了。

铁木真一家失去了所有的依靠，所有的财产只剩下九匹马，连一头牛羊都没有了。这时，铁木真只有12岁。在他底下，还有三个弟弟和一个妹妹。

为了逃避迫害，他们只好躲进了不儿罕山，靠采集野果和野菜，打猎钓鱼为生，生活过得十分艰难。

在这样的环境下，铁木真兄弟却像牛一样健壮地成长起来，他们个个力大无比，而且还练就了精湛的箭法，尤其是他的弟弟合撒儿，更是被人叫作神箭手、大力士。

这一切被泰赤乌部的人看在眼里，他们害怕铁木真长大后找他们报仇，就把他抓了去，还把他当做战利品，到处炫耀。

直到有一天，铁木真趁他们在举行宴会时，用身上的枷锁砸晕了看守，逃了出来。

百姓茶馆

牧羊人甲：铁木真小小年纪就遭遇了这样大的打击，还能挺住，真不容易啊！要是我，说不定早就破罐子破摔了！

牧羊人甲之妻：据说为了填饱肚子，铁木真把他同父异母的弟弟别克贴儿给杀了。

牧牛仆人乙：是为了一条鱼吧？别克贴儿也真不赖，居然能在铁木真那三个兄弟的强势包围下，今天抢只云雀，明天抢条鱼，哈哈！不错！

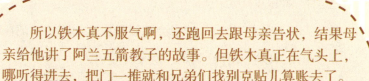
掌印人丁：所以铁木真不服气啊，还跑回去跟母亲告状，结果母亲给他讲了阿兰五箭教子的故事。但铁木真正在气头上，哪听得进去，把门一推就和兄弟们找别克贴儿算账去了。

要说这别克贴儿也是个人物，他看见铁木真他们那架势，一点儿都不慌张，还说："现在我们还有那么多仇要报，你们为什么容不下我呢？"

但铁木真还是把他杀了。听说他死的时候，是盘腿坐着的。

要是铁木真不杀了他，日后报仇，他绝对是个好帮手啊！可惜，可惜。

铁木真与王罕结成"父子之盟"

铁木真16岁时,已经长成一个真正的勇士。这时候,他决定完成自己人生中的一件大事,将与自己定下娃娃亲的妻子孛儿帖娶回来。

德薛禅见到他,十分欣慰,说:"我知道有人一直想害你,一直为你担心,现在见到你我就放心了。"虽然铁木真一家已经衰落,但老人家还是将女儿嫁给了他,还将一件贵重的黑貂鼠皮袄当做嫁妆送给了铁木真。

成家立业之后,铁木真深知自己的力量还很弱小,必须依靠一个强大的靠山,于是决定去寻求父亲生前的好友——克烈部可汗王罕的帮助。

有一天,他带着那件黑貂鼠皮袄,前去拜见王罕,真心实意地说:"您是我父亲的安答(安答,蒙古语中的结拜兄弟),所以您就像我的父亲一样亲。如今我娶了妻子,应该来孝敬您,所以特地赶来把这件黑貂鼠皮袄献给您。"

王罕高兴地说:"我会把黑貂鼠皮袄的情意记在心里的,以后有什么困难,就来找我吧。"

王罕与铁木真结成"父子之盟"的消息很快就传遍了草原。有了王罕的帮助,人们对铁木真刮目相看,不少人前来投奔他,铁木真的势力渐渐强大了起来。

您就像我父亲一样亲!

铁木真的妻子被抢走了

一天，天还没有完全亮，铁木真家的女仆慌慌张张地跑到月伦的帐内说："妈妈，妈妈，快起来，外面的马蹄声震天动地，可能是可恶的泰赤乌人又来了！"

月伦忙叫醒了孩子。铁木真猛地被叫起床，仓促中牵着自己的马，带着大家往不儿罕山跑去。由于人数很多，马匹数量不够，铁木真的妻子孛儿帖没有马可以骑，不小心落下了。

留在家中的老女仆只好将她藏在帐车中，驾着车子往山上跑。可是，才跑出一段路，就被两个人拦了下来。

一人问女仆："你是哪儿来的？要去做什么？"

"我是铁木真家里的仆人，去帮人剪羊毛，现在正装着羊毛回家去。"女仆回答。

"铁木真在没在家？他家在哪里？"那些人又问。

女仆回答道："我不知道他在不在家，我是从后门出来的。"

那群人听了，急驰而去。可没过多久，又折了回来，把车上的羊毛扒开，发现了躲在里面的孛儿帖，便将她抓了起来。

他们绕着不儿罕山搜寻了三遍，始终没有找到铁木真的身影，想进山搜寻，可是林密谷深，到处都是泥沼，就连毒蛇也难以钻进去，何况是人，只好作罢。

原来，这群人就是当年被也速该抢走新娘的蔑儿乞部人，他们这次就

是来报仇的。

见难以进山,他们商量着:"既然是为了报当年的仇,现在抓到了铁木真的妻子,也算是报了仇了。"于是,他们把孛儿帖带回了蔑儿乞部,送给了当年新郎的弟弟做了妻子。

得知妻子被抢,铁木真非常气愤,就去向义父王罕请求帮助。王罕爽快地答应了铁木真。而铁木真的安答札木合——札答阑部的首领,也答应帮助他。他们一人带两万人马,分两批包围了蔑儿乞部。

蔑儿乞人不知从哪儿冒出这么多人,慌乱中被打得落花流水。

这时候,被关在一户人家的孛儿帖逃了出来,四处呼喊着铁木真的名字。

正巧,铁木真也在四处寻找妻子,他循着声音走过去,终于找到了失散的妻子。

这是铁木真首次取得的重大胜利。由此,铁木真不仅获得了大量的战利品和奴隶,还大大提高了自己在草原上的声望。

札木合想赶走三次结拜的安答

编辑老师：

你们好！

我和铁木真年纪差不多，从小就在一块儿玩。我们11岁就结成了安答，当时我送了他一只鹿踝骨，他送了我一个灌铜的踝骨。第二年，我们的感情更深了，再次结为安答，并正式互相赠送了箭器。

后来，由于部落的迁离，我和铁木真失去了联系。直到上次他的妻子被人抢走，我帮他打败了蔑儿乞部，我们久别重逢，高兴得要命，第三次结为安答。他送了我一条金腰带和一匹海骝（liú）马，我送了他一条金腰带和一匹小白马。

之后，我们又在一起了，并打算共同统一草原。可是现在，我有些后悔了。因为铁木真太优秀了。而且他出身黄金家族，身份比我高贵，很有可能成为将来的蒙古可汗。所以我想把他赶走，不知编辑觉得怎么样？

札答阑部首领札木合

札木合：

你好！

你与铁木真三次结拜的事，我们早就听说了，也觉得这事儿非常有趣。

既然你们之间的感情这么深厚，又何必为了权势争来争去呢，大家和和气气的，还做一家人不好吗？

如果一定要与铁木真来场友谊赛，你就要想办法使自己变得更强大，而不是排挤你的安答。但如果你下定决心要把铁木真赶走的话，我们也不好多说什么。不过，听说你的很多族人都不满你暴躁的脾气，更喜欢仁慈的铁木真，到时候他们要是跟铁木真跑了的话，可不要怪我们没提醒你哦！

（不久，札木合向铁木真下了逐客令。铁木真离开的时候，果然有很多札木合的手下跟他一起走了。从此，铁木真有了自己的队伍。）

世界的主宰——长生天

每个民族都有自己崇拜的神,蒙古人崇拜的神叫作"长生天",信奉"萨满教"。

这种宗教起源于原始社会时期,是一种古老的宗教。萨满教中有"萨满巫师",就如同佛教中有和尚,道教中有道士一样。

蒙古人非常崇拜这些巫师,打仗的时候,也经常将他们带在身边。如果有人生病了,他们就将巫师请来,给病人们作法。所以,巫师在蒙古族的地位相当高。

不过,要成为一名合格的巫师,可不是一件容易的事情哦!因为他们要经过层层修行,修行期满后,还要经过"九道关",即上刀梯、传火池,等等。

萨满教将世界分为三界,上面是神灵居住的"天界",中间是凡人和动植物居住的"人界",下面是妖魔鬼怪的聚集地"妖界"。

萨满教崇拜自然,将火、山川、树木、日月星辰,以及一些动物等,都看做神灵。他们认为,世间最伟大的神就是长生天(苍天),它主宰着世间的一切。

铁木真和他的父亲都是虔诚的萨满教徒,对长生天充满了敬畏,认为它能够庇佑众生。

名人有约

特约嘉宾：也速该

身份：蒙古乞颜部首领

大：大嘴记者　也：也速该

大： 壮士，您好！很高兴见到您！我一直没弄懂蒙古人是怎么来的。好像突然就出现了似的，有点神龙不见首。

也： 那是你对我们不关心啦！我们蒙古人啊，是苍狼和白鹿的孩子。

大： 狼和鹿？哇，太劲爆了吧！

也： 别误会，这苍狼和白鹿，指的是我们祖先孛儿贴·赤那和豁尔·马兰勒。孛儿贴·赤那有苍狼的意思，豁尔·马兰勒有白鹿的意思。传说他们两个都是苍天的孩子，一起渡过了腾汲思水，最后在不儿罕山扎下了根。我们就是喝着从不儿罕山上流下的斡难河水长大的。

大： 难怪你们男的像狼一样勇猛好斗，女的像鹿一样温顺可爱。那为什么又有人说，你们蒙古人是鼓风箱和太阳的儿子呢？

也： 这个说法也是有的，说的是很久以前，蒙古人和突厥（jué）人打仗，所有蒙古人被杀死了，只剩下两对夫妻，他们逃到了一个名叫额尔古捏坤的无人山谷，住了下来，慢慢地，我们蒙古人越来越多了……

大： 可是，蒙古族是游牧民族，在那山谷里，怎么放牧呀？

也： 我还没说完呢！人越来越多了，山谷里就容不下了。可山谷里全是悬崖峭壁，根本就搬不出去。

29

名人有约

大：那可是个难题，可是，这和鼓风箱有什么关系？

也：后来，他们就用70张牛皮，做了个巨大的鼓风箱，把火吹得很旺，居然就把额尔古捏坤的悬崖给融化了！

大：哇！太神奇啦！

也：更神奇的是，悬崖之外，便是一望无际的大草原呢！

大：你们蒙古人真有想象力。

也：我自己嘛，还是相信前一个。我们蒙古五大氏族的创始祖先，就是孛儿贴·赤那和豁尔·马兰勒后代中的五个兄弟。其中，孛端察儿就是我们孛儿只斤氏的祖先。

大：听说你们孛儿只斤氏被称作"黄金家族"，能否解释一下？

也：这个，指的是我们是血统纯正的蒙古人。

大：这又是什么说法？

也：这个跟我们五个始祖的母亲阿兰有关。据说她和丈夫一起生了两个儿子，她丈夫死了之后，她又生了三个儿子，所以别人都对这件事有疑问。阿兰就说，后面几个儿子是上天赐给她的儿子，个个都不是凡人，会成为万众之主。

大：真是一个比一个玄啊！这些您都相信？

也：宁可信其有，不可信其无嘛。

大：跟您聊天真是很长见识啊！今天本来还想跟您聊您儿子铁木真呢。

也：这孩子既勇敢又聪明，将来肯定比我强！

大：呀，时间到了，下次有机会我们再聊吧，再见！

儿子铁木真满月邀请函

上个月我夫人月伦给我生了个大胖小子,我已经替他取名为铁木真。明日,我将办一场宴席来庆祝儿子满月,请各部落朋友赏光来舍下一聚。

蒙古乞颜部首领也速该

招巫师

萨满教为了扩大影响,特向社会公开招聘萨满巫师,要求应聘者崇尚长生天,追随长生天,而且是年轻的未婚男性,悟性较高,有耐心,能够忍受与外界隔绝的孤寂。

符合条件且有意成为萨满巫师的,请到各部落首领处报名。

萨满教

求联姻

家有小女,今年8岁,本人想在此给她找一个好夫婿,订个娃娃亲。要求对方非本部落人氏,年龄在10~12岁,相貌清秀,身高不矮于车轮。

蔑儿乞部某牧民

第 ❷ 期

〖公元 1189 年—公元 1206 年〗

铁木真
统一蒙古

穿越必读 ▶

　　自铁木真当上蒙古可汗以来,由于深得民心,草原上其余各部族纷纷归顺。在兄弟反目、父子结仇的情况下,铁木真凭借自己的智慧跟实力,通过十多年的东征西讨,征服了草原上的其他部落,如塔塔儿部、泰赤乌部、乃蛮部等,终于在1206年统一蒙古诸部,成了草原上的一代霸主。

铁木真做了蒙古可汗
——来自蒙古乞颜部的快报

这段时间,一个关于"天地神说,要让铁木真当国主"的预言传遍了草原。

自从铁木真的父亲也速该死后,蒙古部就四分五裂了。现在,大伙儿发现铁木真是一个杰出而又仁慈的领袖,于是都跑去投奔他。一时间,铁木真的人气特别旺。

既然天地神都这么说,那还等什么呢?

1189年,蒙古的贵族们通过商议,将28岁的铁木真拥为"蒙古可汗"。

来自蒙古乞颜的加密快报!

刚开始,铁木真频频推辞,并真诚地推选自己的叔叔阿勒坛为"可汗",他说:"阿勒坛不但见多识广,而且非常勇猛,能够胜任我们的可汗。"

阿勒坛连忙摇头,表示自己担当不了这个重任。

铁木真又推举自己的堂弟和其他人,可谁也不接受。最后,大家都一致认为,铁木真才是"可汗"的不二人选,大家齐声高呼:"铁木真!铁木真!"

就这样,新一代"蒙古可汗"诞生了!

十三翼之战，谁是赢家

铁木真当上了蒙古可汗，便派人去向草原上的各个部落传达喜讯。自从自己的手下被铁木真挖走了一半后，札木合后悔得要命。现在听到这个消息，就更加恼火了。

大家想想，一个连老婆都保护不了的穷小子，如今竟然在草原上和他平分秋色了，而且还胆敢称汗，他怎么咽得下这口气呢？

札木合心想："要不是我帮你，你能有今天的威风吗？我对你有恩，你应该推举我当大汗才对，怎么能自己当呢？"

札木合越想越气，于是决定趁铁木真翅膀还没硬的时候除掉他，以免将来成为祸患。

刚巧有一天，札木合的弟弟因为偷铁木真族人的马，被箭射死了。札木合就以这个为借口，联合了草原上的十三个部落，共三万人马，进攻铁木真。

铁木真知道，从这刻起，他们两个安答就像一个牛头上的两个犄角，再也不可能碰到一起了，于是将自己

的三万人分为十三个营，就像十三只翅膀，迎向札木合的联军。

铁木真和母亲月伦各统领一支翼军，其余各翼多半由乞颜部贵族统领。双方在达阑巴勒进行了一场大战。

因为准备得不够充分，又是第一次指挥大战，缺乏经验，铁木真的军队不敌对手，不得不退避到斡难河畔的哲列大峡谷。这里四周都是山脉，地势十分险峻，只有一条很窄的路与外界相连，易守难攻。

札木合见了，说："我们已经将他们逼入了大峡谷，就此回去吧！"在回去的路上，为了威慑那些背叛他的手下，札木合将抓来的所有青壮年俘虏，放在七十口大锅中煮杀了。

这件事情传开后，很多人对札木合的残暴表示不满和失望，更多的部下离开了札木合，纷纷归顺铁木真。

铁木真十三翼之战虽然没有取得胜利，但却保存了实力，获得了人心。

札木合做梦也没想到，自己虽然打了胜仗，却失去了民心，势力大大削弱。铁木真虽然败了，却赢得了民心，势力一步步壮大，可以说是"虽败犹荣"啊！

编 辑 评 说

十三翼之战，是铁木真打的唯一一场败仗。打了败仗还能增强自己的实力，不能不说明一个道理——得民心者得天下。

"札木合联盟"卷土重来

在十三翼之战中,札木合表面上打了胜仗,实际上损失的人马比铁木真还多(都投奔铁木真去了)。因此,札木合非常恼火,决定再次给铁木真迎头一击。

与此同时,铁木真的强大引起了草原上其他部落的恐慌,他们是杀害铁木真父亲的塔塔儿部落,以及曾经被铁木真打败的蔑儿乞部落等。

1201年,他们聚集在阿勒灰,将札木合推上了可汗宝座,取名"古儿汗"。

为了蛊惑人心,札木合将铁木真说成是一个十恶不赦的坏蛋,企图使各部落都对他恨之入骨。他还联合各部落策划了一系列攻打铁木真和王罕的计谋,并发誓说:"要是谁泄露了秘密,就要像树木一样被人砍成两段。"

然而,在札木合联盟中,总有些明白事理的人,他们知道了札木合的阴谋后,立即跑来告诉了铁木真。铁木真一得到消息,便联合"义父"王罕的军队,迎击札木合。

这一战,几乎出动了大草原上所有的猛士,壮观程度可见一斑。

经过交战,不到一天,铁木真就将札木合联盟打得落花流水。战争过后,札木合联盟中的许多部落,都纷纷倒向铁木真这一边。而札木合只剩下一支队伍,最后只得跑去投奔王罕了。

百姓茶馆

牧羊人甲

札木合不是老想着当可汗吗？当上了不照样不能服众？这些部落各打各的算盘，不可能真心服他的，推他当大汗，不过是为了反铁木真罢了。人心都不齐，怎么可能打赢铁木真呢？

牧羊人乙

听说铁木真出生的时候，手里握着一块苏鲁锭（凝血），非常神奇啊！再加上他又是天地神派来的可汗，其实他的敌人挺怕他的。铁木真越强大，这些人就越怕他。

挤奶仆人

这个札木合啊，是无可救药了。听说他大败之后，把推举他当大汗的百姓狠狠地抢劫了一把，才逃走的。现在他的名声在草原上啊，已经是臭得千里之外都能闻到了。

草原流浪者

听说铁木真去抓逃兵时，中了一箭，受了重伤。幸好哲勒篾（miè）一直精心照顾着他，这才好转。这已经是他第三次救铁木真了。他真是铁木真的福星啊！

37

铁木真灭塔塔儿部

> 终于把塔塔儿部灭掉了！

铁木真有三个仇家，一个是金国，一个是塔塔儿部，另一个就是泰赤乌部。这些年来，他一直惦记着复仇，只是一直没找到机会。

终于有一天，机会来了。塔塔儿部这些年来一直充当金国的小弟，在草原上横行霸道，还经常帮助金国欺压蒙古部落的人。

然而，俗话说得好："没有永远的朋友。"这不，塔塔儿部渐渐强大起来后，开始跟金国作起对来，前不久竟公然抢走了金国的战利品。

金国人气得哇哇叫，决定给这个不听话的小弟一点儿颜色看看。他们故伎重施，邀请铁木真一起来对付塔塔儿部。

铁木真慎重考虑了一下，决定联合义父王罕一起出兵，与金国一起消灭塔塔儿人。两军会师后，一起杀向了塔塔儿部的老巢。经过一场激战，塔塔儿部的首领被杀死，塔塔儿部四处逃散。

但铁木真没有放弃追杀。一年后，他彻底地消灭了塔塔儿人，为祖先报了这血海深仇。

"父亲"背信弃义,"儿子"毫不计较

经过这些战争之后,蒙古草原上只剩下铁木真、王罕和乃蛮部的太阳汗,它们构成三足鼎立的局势。

而这些年来,王罕给了铁木真许多支持,铁木真也常常替王罕除去敌对势力作为报答,父子俩感情非常好。

然而,眼看铁木真的势力越来越强大,不但一些穷人跑去投奔他,就连一些富人也跑了过去,王罕心里就很不痛快。

再加上札木合老在中间离间他和铁木真的感情,慢慢地,他觉得铁木真是个威胁,想除去他。

有一次,他把铁木真约去一起攻打乃蛮部,刚开始,战况进展得很顺利,连连取胜,但在凯旋的路上却遭到乃蛮人的拦截。

由于天色已晚,双方约定第二天再战。

可决战前一夜,王罕却听信札木合的话,半夜偷偷撤退,将铁木真单独留在前线作战。

然而,令人哭笑不得的是,王罕弄巧成拙,竟然被敌人可克薛发现了。

交战不多时，王罕就被打败，连妻儿和财物都被敌人抢走。

无奈之下，王罕只好派人送信给铁木真，让他请"军中四杰"帮自己救出家人。

铁木真没有记仇，不仅帮他夺回了财物，还为了令"父子之盟"变得更牢固，决定让儿子和桑昆（王罕的儿子）的妹妹定亲，让女儿跟桑昆的儿子定亲，来个"亲上加亲"。

没想到，桑昆却拒绝了铁木真的提亲，还傲慢地说："铁木真的儿子怎么配得上咱们的女孩呢？"

铁木真见自己一片热心，却贴了个冷屁股，十分不满。

可过了不久，一肚子坏水的桑昆却又爽快地答应了。原来，他想假装答应铁木真的提亲，然后趁他上门提亲时毒死他。

王罕开始还不肯答应，因为毕竟跟铁木真父子这么多年，而且铁木真一直对他很不错。可又禁不住桑昆成天在耳朵边说铁木真的坏话，心一横，也就答应了。

铁木真收到义父的邀请，欣然前往。路上在族人孟克力老人家里歇息时，老人提醒他说："当初桑昆那么傲慢地拒绝了你，现在又改口答应了，这里面肯定有阴谋呀！"

铁木真心想也是，就转身回家了，他叫人给王罕送去一封信说："现在才开春，还不是提亲的好时节，等到了秋天，我把马儿养肥了，再来提亲也不迟啊！"

桑昆等人见铁木真没有来，知道自己的阴谋被识破了，十分气恼。

"父子"反目成仇

桑昆见铁木真没有上当,就跑到父亲王罕那儿,气急败坏地说:"现在铁木真就不把您放在眼里了,以后您的部落还会是您的吗?"王罕禁不住桑昆一再怂恿,于是决定第二天出兵攻打铁木真。

没想到,草原上的百姓都拥护铁木真。给他家放马的两个奴隶听到这个消息,就连夜骑马跑去告诉了铁木真。

可是,铁木真始终没有忘记当年的"父子之盟",不愿跟义父刀兵相见,因此连夜带着家人和部下向后撤退。

谁知王罕"吃了秤砣铁了心",马上就带着札木合追了过来。铁木真这才明白,义父王罕是想赶尽杀绝。就这样,他们"父子"恩断义绝了。

不久,"父子"俩在合阑真沙陀展开一场激战。最后,王罕因为桑昆中箭落马,撤了兵。而铁木真由于处处避让,伤亡惨重,最后退到了班朱尼河边时,只剩下19个人。

一路上,铁木真和部下以打猎为生,生活得非常艰难。但铁木真的战友并没有离开他,这使铁木真异常感动。他解下自己的铁盔,舀起班朱尼河的水,对他们发誓说:"假如我能建立功业,一定会和你们同甘共苦。若违背此誓,就如此河水。"也有人传说,当时铁木真向追随自己的人表示,同饮一河之水,他们将永世为他所用,并定下规矩,这些人犯九次死罪也不杀。

与此同时,铁木真一边聚拢失散人员,一边争取附近部落的支持。没多久，他们又焕发出勃勃生机。

一天，手下给铁木真带来一个天大的好消息："王罕一伙人正在帐内大吃大喝，一起狂欢呢！"

铁木真立刻让部下抄起家伙，杀了过去。王罕毫无防备，被杀得七零八散。

战乱中，王罕父子趁天黑逃跑了。逃到半路，王罕口渴得厉害，就下马去找水喝。这时另一个部落的士兵冲过来，把他抓了起来。王罕急得大叫："我是王罕！"

可那人根本不信，一刀下去，便砍掉了他的脑袋。这个克烈部的可汗，就这么阴差阳错地送了命。而桑昆也在逃亡途中，被苦叉（新疆库车）人杀死。

战争胜利后，铁木真把王罕的金帐、金酒具、金碗具以及人马，全都赐给了功臣。

就这样，铁木真消灭了强大的克烈部，成了地地道道的"蒙古可汗"，拥有了草原上三分之二的领地。

三分之二的草原都是我的！

草原怎能有两个皇帝

王罕失败之后,蒙古草原上就只剩下蒙古和乃蛮两个大部落了。为了对抗铁木真,札木合投靠了乃蛮部。乃蛮部与蒙古人没什么来往,相互并不了解。

1204年,乃蛮部首领太阳汗听说铁木真的马儿不够肥壮,没有什么实力,就向铁木真发动了进攻,还叫嚣着:"天上只有一个太阳,草原上岂能有两个皇帝呢?"

不过,太阳汗从小娇生惯养,压根儿没上过战场,胆子也小,所以铁木真并不怕他。到了晚上,铁木真命所有将士每人点五堆篝火,将大地照得亮堂堂的。

太阳汗远远瞧见了,以为铁木真的人马像星星一样多,吓得两腿直发软,迟迟不肯出战。部下见了很生气,不停地催他快些下令开战。为了面子,太阳汗只好硬着头皮冲了出去。

而铁木真这边呢,虽然人数少,但他鼓励大家说:"别害怕,人多伤亡也多,人少伤亡也少。"

战争打响后,铁木真先命"军中四杰"前去应战。这四个人都是百里挑一的勇士,个个如狼似虎。太阳汗见了,吓得脸都白了,赶紧下令后退。

过了一会儿,铁木真亲自带兵杀了上去。

太阳汗吓得魂飞魄散,带着部下一个劲地后退,一直退到纳忽昆山脚下,实在没有退路了,只好争先恐后地往山上爬。结果很多人从山上掉了下去，一命呜呼。

直到这时，太阳汗才站出来，高喊着："既然要死，那就痛痛快快地战死吧！"结果，太阳汗战死了。

而铁木真的"好安答"札木合呢，也在战争失败后，被他的部下绑到了铁木真面前。铁木真杀死了背叛札木合的部下，要和他重归于好。

札木合却摇摇头说："安答现在已经拥有了天下，还要我这个人有什么用呢？请安答赐我速死吧！"

铁木真想了想说："我们两个曾经互相帮助，互相鼓励，虽然后来分了手，但你还是我的好安答。现在我答应你的请求，赐你不流血而死（蒙古处死勇士的方法）吧。"

最后，铁木真用窒息的方式处死了札木合，并厚葬了他。

就这样，铁木真征服了草原上最后一个劲敌，成了草原上唯一的可汗。

给一名掌印官的回信

编辑老师：

　　你们好！我原是乃蛮部的掌印官，太阳汗被铁木真打败后，我也成了他们的俘虏。

　　有一天，我趁看守不注意偷偷跑了出去，没跑多远，就被发现了。抓我的是铁木真的弟弟合撒儿。他让人搜我的身，结果把我的印章给搜了去，还嬉皮笑脸地说："你们乃蛮部已经被我们消灭了，你即使逃出去，这印章又能管什么用呢？"

　　这可把我气坏了。因为既然太阳汗叫我好好保管这个印章，这就是我的使命，我死也要保护好它！现在令我发愁的是，我该怎样拿回那个印章呢？

塔塔统阿

塔塔统阿：

　　你好！你的信我们已经收到。你是个非常忠诚的人，我代表编辑部的所有成员，向你表示崇高的敬意。

　　我知道，这个印章是你们乃蛮部的镇部之宝，每当你们起任人才，或者发布重要命令的时候，就会用到这个印章。可现在，你们乃蛮部已经被铁木真所灭，正如合撒儿所说，你的印章已经失去了意义。

　　你应当想开一点儿，铁木真是个宽宏大量的君主，他不会滥杀无辜的。尤其像你这样对主人忠心耿耿的人，他一定会重用的。

　　说不定哪一天，他会封你做蒙古的掌印官，因为蒙古人还从来没有用过印章呢，他们一定会对你很感兴趣的，所以你的前途将会一片光明。到时候，可别忘了请我们喝杯酒哦！

报社编辑

　　（没多久，铁木真就任命塔塔统阿为蒙古的掌印官，后来还让他造蒙古字。）

诚实的神箭手哲别

在铁木真小的时候,有一回,落入了泰赤乌人的手中,差点儿被杀。幸亏泰赤乌部落一个叫锁儿罕失剌的人帮助铁木真,使他逃过了部落的追杀。

后来,铁木真征服了泰赤乌部落之后,锁儿罕失剌带着朋友只儿豁阿歹来投奔铁木真。这个人曾经在战争中对铁木真射过几箭。

于是,铁木真故意问他:"我与你们打仗的时候,有人从对面山头朝我射箭,不过只射伤了我的马,你知道是谁干的吗?"

只儿豁阿歹想也没想,就回答说:"是我!非常抱歉!"

铁木真见只儿豁阿歹如此诚实,便满意地笑了笑,说:"隔着这么远的距离,你都能射中我的马,可见你是个神箭手,而且你没有推脱自己的责任,可见你非常诚实。作为泰赤乌部落的一员,你向我放箭是应该的,我不会责怪你。而且,我还要赐予你一个响亮的名字——哲别,即'箭'的意思。希望你以后能够成为我的左膀右臂,像箭一样保护我。"

此后,哲别成了铁木真手下最勇敢的一员大将,每逢作战,他总是冲在最前头,为铁木真统一草原,做出了不可磨灭的贡献。

名人有约

身份：蒙古大汗

大：大嘴记者　铁：铁木真

大： 大汗，您好！久闻大名，如雷贯耳啊！

铁： 记者好！初次见面，先敬你们一杯！——哦哦，这儿没酒……

大： 不好意思，我们这儿没有准备酒。怕您等会儿喝醉了，采访没法进行了。

铁： 怎么会呢？我们蒙古人可是千杯不醉的。

大： 那待会儿节目结束后，我请您喝酒。

铁： 哈哈，好，我喜欢！

大（眼睛放光）： 大汗，您的家族为什么会被叫作"黄金家族"，是不是很有钱啊？

铁： 黄金家族指的是出身纯洁，不是指有钱。要不是穷得叮当响，我们也不会去打猎，被游牧民族笑话了！我现在所有的财富，就是我的家人和我的将士。

大： 这也是一笔极大的财富啊！据说您身边有一个大美女？

铁： 嗯，不但是大美女，更是我的恩人。她叫也遂，是我所有汗妃中最能干的，可以说，我统一蒙古，有她一小半的功劳。

大：她是您从塔塔儿人手中抢来的吧？您不怕她找您报仇？

铁：一个大男人还怕这个？现在后宫的一切全部由她管理，她对我一直也是尽心尽力的。

大：大汗的人格魅力太强了。那现在草原已经统一了，您该休息了。

铁：停不了啊，现在要抓紧时间筹备我安答的葬礼。唉，我记得我们第一次结拜的时候也是个冬天，天气特别冷。现在想起来还记忆犹新啊！

大：可汗不要太伤心了。我要有您这么个安答，这辈子就没有遗憾了。真不知札木合是怎么想的。

铁：唉，说起来，他不比我差啊，只是不是贵族出身罢了。所以见我当上可汗，当然就不服了。但实际上他并不想害我的。

大：您怎么知道？您又不是他肚子里的蛔虫。

铁：看一个人，不能光看表面。当年我跟义父对阵的时候，他让人把我义父的作战部署告诉了我。这不是惦记着我吗？

大：啊，还有这事？

铁：我跟太阳汗打仗的时候，我们的马确实很瘦，没有什么战斗力。要不是安答用三寸不烂之舌瓦解了太阳汗的斗志，谁输谁赢还不一定呢。

大：那现在不得不怀疑了，您这个安答是不是太有奉献精神了？是不是为了您的统一大业，故意过去探听敌情，给您当卧底的？

铁：这个……记者先生要是有兴趣的话，可以去研究研究。安答人已经去了，我不想再提他了，大丈夫要拿得起放得下！

大：好样的！走，节目也结束了，我请您喝酒去！（两人欢快地手挽手走了出去）

军令

严禁在杀敌时，立刻抢夺财物，要等完全胜利后，将战利品全部上缴，由大汗统一分配。下达后退命令时，要立即返回原阵地，违令者斩！

铁木真

摔跤比武大赛即将开幕

为了战胜我们的对手太阳汗，一展草原雄鹰的矫健英姿，我铁木真代表蒙古各部在此通知大家，明日九点将在乃颜部召开摔跤比武大赛。比赛前三名，将得到官职；前十名者，可拿到丰厚的奖品。请大家积极报名，准时到场。

铁木真

招驯马师

本部落日渐壮大，马匹数量也越来越多，因此需要更多优秀的驯马师。现在，我们将向外大量招聘这方面的人才，要求如下：

能够使烈马变为温驯的良驹；能够用哨音安抚受惊的马匹；能够使千里马跑得更快。

符合以上三个条件的人，请与我们部落联系。

乞颜部首领

第 ❸ 期

〖公元 1206 年—公元 1227 年〗

成吉思汗的对外征战

铁木真统一蒙古后,建立了蒙古汗国,并被推举为"成吉思汗"。但他并不满足现状,而是开始大规模对外征战,金国和西夏两个邻国成了首要目标。除此以外,成吉思汗还进行了一系列的西征,占领了中亚的大片土地。

穿越必读

烽火快报

铁木真被推举为"成吉思汗"
——来自斡难河的快报

来自斡难河的加密快报！

1206年春天，铁木真在蒙古人的诞生地——斡难河的源头召开了一场忽里勒台（诸王大会）。会议上，铁木真郑重地宣布，蒙古汗国正式成立，草原上的人民从此站起来了！

消息像疾风一样掠过草原，草原上的兄弟姐妹都高兴地欢呼起来。为了表达对这位大汗的敬意，人们送给铁木真一个尊贵的称号——成吉思汗，意思是像海一样的皇帝。

这一次，成吉思汗照样没有忘记跟他同生共死的兄弟们，一口气封了三个"万户长"、九十五个"千户长"，还有数不清的"百户长""十户长"。而那些立过大功的人，有的被封为"王"，有的被封为"万户侯"。另外，他还兑现了当初的承诺，给予一些人"犯九次死罪不杀"的特权。

这真是一个喜庆、欢乐的日子，请大家在这个美丽的春天，载歌载舞，一起庆祝吧！

君子报仇，十年不晚

金国与蒙古世世代代都是仇家，当年，成吉思汗的堂叔祖——俺巴孩就是被金人杀死的。而且，为了彻底消灭蒙古人，金国几乎每隔三年，就要到蒙古进行一次大屠杀。幸运的是，蒙古人就像野草一样，在一次又一次疯狂的屠杀后仍顽强地存活了下来。

成吉思汗统一了蒙古之后，自然忘不了金国这个大仇家。蒙古和金国几场仗打下来，金军被杀得七零八落，一连丢了好几座城池。

公元1213年夏天，金国发生了内乱：皇帝完颜永济被人杀了，升王完颜珣（xún）成了新皇帝！

成吉思汗非常高兴，说："哈哈，这真是天赐良机，决不能错过！"他再次领着大批的蒙古军，浩浩荡荡杀向金国的都城——中都，并派兵攻下了东南的九十多个郡。

完颜珣急得团团转，赶紧派人与蒙古求和。为了表示自己的诚意，他把完颜永济的女儿送给了成吉思汗，一同送来的，还有五百个童男童女、三千匹马，以及一些金帛。

成吉思汗也不客气，照单全收，然后下令退兵。

完颜珣大松了一口气，怕蒙古军再来，就想把都城迁到汴

京去。

成吉思汗知道后,气愤地说:"既然跟我们讲和了,为什么还要搬到南边去?我看,这不过是他们的缓兵之计,我偏要先发制人,破了他的诡计!"于是,又整顿兵马,包围了中都。

1214年,完颜珣和一些大臣已经到达了汴京,留下大将完颜承晖驻守中都。蒙古军来势凶猛,完颜承晖哪守得住?他给完颜珣写了一封信,请求支援。

完颜珣派李英领着大军前去营救,援军走到霸州时,遇到了蒙古军。李英是个有名的酒鬼,眼看就要开战了,他竟然喝得烂醉如泥,骑着马东倒西歪。士兵们见了,忍不住哈哈大笑。

就在这时,蒙古军杀了过来,李英还没明白怎么回事,就被人一枪刺死了。金军一看主帅死了,一哄而散。没多久,中都就被蒙古军攻破了。

成吉思汗还想进攻潼关,可潼关地势险峻,屡攻不下,就领兵回去了。

到底让哪个儿子继承汗位

编辑老师：

你们好！最近，我一直在思考一个问题：究竟让哪个儿子来继承我的汗位呢？可是想来想去，我越想越糊涂了。

我先给你们介绍一下吧。我的大儿子名叫术赤，但是，我怀疑他不是我亲生的，所以心里一直有阴影。二儿子察合台打起仗来十分勇猛，但他鲁莽、好斗。窝阔台是老三，虽然他没有两个哥哥勇敢，可头脑比两个哥哥聪明，而且脾气好，和几个兄弟的关系都不错。还有小儿子拖雷也很优秀，只是年纪小了点儿。

如果要在这四个儿子中选一个继承汗位，我到底该选谁呢？请编辑们给我一些建议吧。

铁木真

尊敬的大汗：

您好！听说，您的大儿子术赤和二儿子察合台都想当大汗，两个人互不相让，都快打起来了。我们认为不管他们哪一个当了大汗，另一个都会不服，最后一定会引起兄弟内斗。所以，三儿子窝阔台当大汗是最合适的了。

当然，您自己心里应该早就有了答案。最后，祝您事事顺心，万寿无疆！

（后来，成吉思汗果然立窝阔台为储君，并给术赤、察合台和拖雷各封了一块地。）

征讨花剌子模国

蒙古西面有个强大的国家,叫花剌子模国。它经济发达,土地辽阔。成吉思汗建立蒙古汗国时,花剌子模国曾派使者前来祝贺。两国就此有了些交情。

后来,成吉思汗决定去花剌子模国换点儿粮食和战马,于是派了一个由四百多个人组成的队伍,带着金银珠宝,赶了五百匹骆驼,浩浩荡荡地去花剌子模国做生意。

经过长途跋涉,队伍好不容易到达花剌子模国的边境。接待他们的守城人员见到那么多财宝,竟起了贪念,回头向国王摩诃末报告说:"这些人古里古怪的,想必是成吉思汗派来的奸细。"

摩诃末一听,不作任何调查,下令将这些蒙古人全部处死,只有一名驼夫侥幸逃回了蒙古(史称"讹答剌惨案")。

成吉思汗听说了这事,勃然大怒,但出于双方的友谊,又派使者前去交涉,要求赔偿。没想到摩诃末不但把正使杀了,还把副使的头发剃光了,撵了回去。

成吉思汗被激怒了!纵横草原这么

多年，什么时候受过这种气？于是决定亲率大军，西征花剌子模国！

然而，蒙古帝国与花剌子模国中间隔着个西辽，西辽是蒙古的敌人，不可能给蒙古借道。所以，成吉思汗决定派自己的得力大将哲别，先去征服西辽。

西辽的统治者叫屈出律，原是太阳汗的儿子。太阳汗战死后，屈出律就逃到西辽，成了西辽国的驸马。后来，他与花剌子模国勾结，夺取了西辽的政权。

在他的胁迫下，西辽的老百姓被迫改变宗教信仰，民怨沸腾。

哲别领军进入西辽后，让老百姓仍信旧教，并免除了所有的苛捐杂税，受到了西辽人的热烈欢迎。哲别不费吹灰之力就攻入了西辽国都，活捉了屈出律。

当西辽成了蒙古的土地后，成吉思汗向花剌子模国发动了进攻。

看到成吉思汗的队伍如潮水一般涌来，摩诃末顿时慌了手脚，仓皇而逃。其他守军见国王逃跑，也纷纷出逃。

不久，花剌子模国被攻陷，摩诃末带着亲人和仆人，逃到了一个无人居住的小岛上，病死了。

这场战争经历了四年时间，从1219年一直持续到1223年。战后，成吉思汗占领了中亚的大片土地，并将它们封给了自己的儿子。

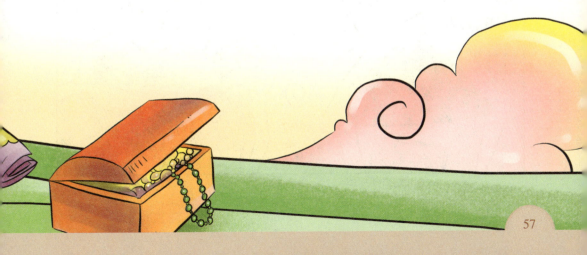

百姓茶馆

牧羊男孩

我明天就满十五岁了，大汗有规定，十五岁到七十岁的男人都要去当兵，我爸爸已经加入了大汗的队伍，在里面负责修理战车，妈妈身体不好，又只有我一个儿子，我要是走了，谁来照顾妈妈呀？

剪羊毛的男孩

我今年十三岁，我希望自己快点儿长大，好去打金国人，这些人真的太坏了，我爷爷，我大伯，都在他们的大屠杀中死了，我一定要替他们报仇！

剪羊毛的大婶

听说成吉思汗这次去好远好远的西边打仗去了，前些天回来说打了胜仗。我弟弟刚好在他们部队，应该会得到大汗的不少赏赐吧。咱首领要是打了胜仗，绝不会将战利品私自藏起来的。我弟弟要是回来，肯定会给我带礼物哦。

新闻广场

法典《大扎撒》

"扎撒"是蒙语法令或法典的意思,和宋人所谓"条法"是一样的,就是由成吉思汗颁布制定的法律条文。

早在攻打塔塔儿部的时候,铁木真就颁布了蒙古的第一个"扎撒"。它规定在作战的时候,将士不许贪图钱财,浑水摸鱼,因为打了胜仗之后,这些东西都是我们的。

还规定上头如发出了撤退的命令,将士们如果不听号令,继续与敌人周旋,也要被处以死刑。另外,第一次被击退之后,不奋力发起冲锋的人,也要被处死。

以前,蒙古军有个坏习惯,那就是一边打仗,一边抢东西。自从"扎撒"颁布后,蒙古军再打仗,就没人敢抢掠了,因此屡战屡胜,将敌人打得溃不成军。

铁木真当上成吉思汗后,又将颁布的所有命令整理成一部《大扎撒》,意思是大法典。

在《大扎撒》中,成吉思汗还对许多问题进行了立法,如国家最高权力归可汗一人,可汗去世后,要举行"忽里勒台"推举新的可汗,新可汗必须是前任可汗的后代。又如杀人或盗窃的犯人,一律判处死刑。

成吉思汗非常重视《大扎撒》,还让他的弟弟失吉忽秃忽做了大法官。失吉忽秃忽是个公正严明的好法官,他有一句流传极广的名言:"不要因为恐惧而认罪。"

塔塔统阿和蒙古文

从前，蒙古人是没有文字的，如果要记录什么事情，他们就用刀子在树上刻个简单的符号。如果可汗发布了什么命令，就派一个记性很好的人，骑马将这个命令传达下去。如果遇到调兵遣将这种大事，他们就用给草打结（结草），或者在木头上刻符号（刻木）的方式，来记下这些事情。

这些方法虽然不够方便，但蒙古人生活简单，每天除了放牧、喝酒，也没什么事情要干。就算有什么事情，大家你传我，我传你，不多会儿就传得大家都知道了。

但随着成吉思汗统一蒙古，蒙古族变得越来越强大，族人的活动也一下子丰富了起来。"结草""刻木"的记事方法，也就行不通了。

成吉思汗见掌印官塔塔统阿智慧超群，就命他给蒙古语造字。塔塔统阿是畏兀儿（维吾尔）人，他非常聪明，而且精通畏兀儿文字。

于是，他将蒙古语用发音相同的畏兀儿文字写下来，就造出了蒙古文。

再也不用结草、刻木了！

"成吉思汗"的来历

我们知道，铁木真建立了蒙古汗国后，被尊为"成吉思汗"。"成吉思汗"这一称呼，表达了蒙古人民对铁木真无限的尊敬与爱戴。

看到这里，大家也许要问了，这"成吉思汗"到底是什么意思呢？有人说，"成吉思"是大海的意思，"成吉思汗"就是拥有大海一样胸怀的可汗；还有人说"成吉思汗"就是"长生天派来的可汗"；还有人将它理解为"坚不可摧的皇帝"……

据说，铁木真被草原上的人们尊为"可汗"后，他的部下为了表达对他的敬意，特地找来很多珍贵的材料，给他建造了一座蒙古包似的宫殿。宫殿金碧辉煌，非常宏伟。

一天，空中飞来一只美丽的小鸟，停在宫殿东南角的一块大石头上。人们从来没有见过这么美的小鸟，纷纷跑来观看。这只鸟儿一点儿也不害怕，接连三天都飞过来停在大石头上，并发出三声清脆的叫声，这叫声听着好像是"成吉思""成吉思"。人们坚信这只小鸟是长生天派来的使者，于是，他们就把新的可汗尊称为"成吉思汗"。

成吉思！成吉思！

名人有约

大嘴记者

特约嘉宾：
丘处机

身份：全真道掌门

大：大嘴记者　　**丘**：丘处机

大：丘道长好！您真是生了一副仙风道骨呀！

丘：哈哈，记者过奖啦！贫道只不过是个凡人，没什么特别之处。

大：您医术高明，拯救了许多病人，简直就是菩萨转世嘛。

丘：记者不要再夸我啦！贫道脸都红了。

大：听说，许多达官贵人都向您要过长生不老药，但是您都没给。我看您满面红光，想必都留着自己吃了吧？

丘：哪有啊？世界上根本没有长生不老药。

大：那您和成吉思汗有些交情，总是真的吧？

丘：嗯。大概是五年前吧，成吉思汗邀请我去他们蒙古做客，我当时想了想，就答应了。成吉思汗一见到我，就迫不及待地问："怎样才能长生不老呀？"我回答说："如果您敬国爱民，好好对待百姓，必然会长寿的。"

大：就这么个答案，成吉思汗他也信了？

丘：没错，哈哈！

大：由此可见，成吉思汗这人也挺好忽悠的嘛！

名人有约

丘（大笑）：那得看你怎么忽悠了。其实他是个明白人。前不久，我向成吉思汗请求，让他释放三万汉人和金人奴隶，他答应了。我又向他请求，加入全真道的人可以免除徭役、酷刑，他也答应了。徭役何其苦啊，所以入道的人特别多。

大：难怪全真道一下子就变得庞大起来了。
丘：呃，记者你也有兴趣加入本道吗？

大：我？！这事儿我还得考虑考虑。嗯，关于您从小到大的一些经历，我们之前也了解了一下。据说您从小就失去了父母，吃了好多苦，对吧？
丘：也没什么的。

大：听说您那时候住在山上，每天跑到悬崖边，往下丢一枚铜钱，您为什么要那样做？您又哪来那么多铜钱呀？
丘：你误会了！我每天丢的，都是同一枚钱币。我将它丢下悬崖，是为了将它捡回来，因为这样可以磨炼我的意志，促使我实现自己的理想。

大：您的理想是什么？
丘：那个时候，我的理想是修炼成仙。现在嘛，是拯救苍生。

大（鼓掌）：不错！不错！大嘴向您表示敬意！嗯，您好像还会作诗，对吧？
丘：这个嘛……略知一二，不足挂齿啦。

大：您真谦虚。好的，本期采访到此要结束了，道长再见！
丘：嗯嗯，贫道去也！

广告铺

全民皆兵

根据我们草原的特点和战争的需要，现将牧户和土地按十户、百户、千户、万户为行政单位划分，分别赏给万户官、千户官、百户官、十户官。所有牧民平时放牧，战时就自备军需用品，投入战斗。

成吉思汗

服兵役公告

为了使我们蒙古军变得更加强大，从今年起，凡是十五岁到七十岁的男人，都必须服兵役！谁要是敢耍花招，逃兵役，一旦被发现，严惩不贷！

成吉思汗

《大扎撒》节选

在狩猎的时候，让野兽逃跑的猎师，应该处以笞（chī）刑（打板子），情节严重的，处以死刑！

《大扎撒》

关于组建万人近卫军的公告

为了维护汗国的安宁，特组建一支万人近卫军，由本人亲自领导和指挥，主要任务是保卫我的安全，让我安心睡觉。凡被选参加近卫军的人，不用参加任何劳动生产，只需练兵和执行军务。注意，近卫军只招收各级官员的儿子们。每级官员的儿子都必须带一个弟弟加入近卫军。如有违令者，严惩不贷或流放！如有自愿追随我左右的，一概不准阻拦！

成吉思汗

智 者 为 王

智者第 1 关

1. 谁建立了第一个蒙古人的部落王国,成为蒙古第一个可汗?
2. 在古代,蒙古人认为世界的主宰是谁?
3. 蒙古语"安答"是什么意思?
4. 铁木真和札木合几次结为"安答"?
5. 孛儿只斤氏为什么被称为"黄金家族"?
6. "五箭教子"给我们的启迪是什么?
7. 哪个部落的人抢走铁木真的妻子,招来灭顶之灾?
8. 成吉思汗和铁木真是什么关系?
9. 铁木真一生中唯一的一次败仗是哪次?
10. 蒙古帝国的法典叫什么?
11. 蒙古文的发明者塔塔统阿是哪个民族的人?
12. 丘处机是哪一教派的掌门人?
13. 成吉思汗的父亲是被哪个部落的人毒死的?
14. 为了保证军队的实力,成吉思汗规定什么年龄段的男人必须服兵役?
15. 蒙古部的可汗去世后,都要通过"忽里勒台"推举新可汗,"忽里勒台"是什么意思?
16. 蒙古第一位掌印官是谁?

智者无敌 王者为大

第 4 期

〖公元 1226 年—公元 1241 年〗

天骄陨落，征战不止

一代天骄成吉思汗去世后，蒙古相继消灭了西夏和金国。为了继承成吉思汗的遗志，他的子孙们继续扩张领土，向西攻下俄罗斯，开进欧洲，并一直打到了多瑙河流域。

穿越必读

西夏人被蒙古军杀光了
——来自兴庆府的快报

西夏是中国北方的一大强国，从李元昊1038年称帝起，已经经历了一百多年。

为了掠夺更多的财物，成吉思汗先后5次进攻西夏。西夏人每次都是求和归降，后又毁约反叛，令成吉思汗十分恼怒。

公元1226年二月，65岁的成吉思汗第6次亲自统兵攻打西夏。在蒙古骑兵狼一般的进攻下，西夏再次投降。

眼看胜利在望，成吉思汗却得了重病，死之前，他叫人给远方的窝阔台（元太宗）带了个信，说："灭了西夏后，消灭金国就容易多了。不过，金国占据有利地形，不好对付，可以向南宋借路。南宋和金国有世仇，一定会答应的。"说完就去世了。

公元1227年7月，西夏国出城投降。他们做梦也没有想到，成吉思汗已经去世，更没有想到，城门打开后，蒙古军蜂拥而入，将西夏国的人杀得所剩无几！

西夏从历史上彻底消失了。

> 来自兴庆府的加密快报！

蒙古与金国暂时讲和

西夏灭亡后，窝阔台又将目标锁定在蒙古人的世仇——金国身上。

公元 1229 年，金国派使者阿虎来蒙古吊丧，并送了一些礼物。窝阔台没好气地说："你们一直不肯投降，让我父亲带着遗憾去世，你们还好意思来送礼吗？"窝阔台连礼物也没要，就把使者打发走了。

第二年，窝阔台整顿好兵马，兵分两路，气势汹汹向金国发动了进攻，一路攻凤翔，一路攻潼关。没多久，凤翔就被攻下来了，可是潼关易守难攻，拖雷亲自督战，也没能攻下来。

有个叫李国昌的部下说："金国自从把都城迁到汴京后，全靠潼关、黄河来防守。不如，我们从宝鸡绕过汉中，沿着汉江前进，一直打到汴京。"

窝阔台想起父亲临终的遗言，点点头说："没错，我们还可以向宋朝借路。如果宋朝同意，攻打汴京就更容易了；如果宋朝不同意，再用你的办法。"

于是，窝阔台派人去宋朝借路。使者来到南宋，拜见了宋朝的官员，开始讨论借路的事。可不知怎么回事，俩人谈着谈着，却起了冲突。官员一气之下，把使者砍了。

窝阔台只好按照李国昌的办法，从宝鸡出发，渡过汉江，直逼汴京。

天下风云

这时，完颜珣已经死了，儿子完颜守绪（金哀宗）即位。金哀宗急得团团转，赶紧派人向蒙古大将速不台求和。

速不台却说："我只奉命攻城，其他的事情我不管。"

蒙古军还弄来一些石炮，对准汴京，日夜不停地轰。还好汴京的城墙够厚，没有被轰塌。蒙古军一连轰了十六天，都没能把汴京攻下来。

窝阔台见了，就想先撤兵回国。他一面叫速不台慢点儿轰，一面派人劝金哀宗投降。

速不台对守城的将领说："既然你们的皇帝想求和，就出来犒劳犒劳我们吧。"

别人来攻打自己，自己还要去犒军，金哀宗心里可真委屈。可是，他又不敢违抗，只好派了个大臣出来犒军，还把曹王送给蒙古做人质。蒙古军这才撤退了。

我是金国使者阿虎。

拖雷代替窝阔台而死

蒙古人有个习俗，父亲死后，由小儿子来继承家里的财产。所以，成吉思汗死后，暂时由拖雷来管理国家事务。

忽里勒台会议后，拖雷交出了国家大权，窝阔台正式当上了蒙古大汗。

窝阔台攻打金国回来后，生了一场大病，整天昏迷不醒。有人请来萨满巫师占卜。

巫师卜了一卦后，说："我们蒙古人杀了太多的金人，金国的山水神发怒了，要惩罚我们的大汗！"窝阔台听了，十分恐惧，向巫师求教解脱之法。

巫师说："至少得有一个亲王代替大汗去向天神请罪，才可以免掉大汗的灾难。"

托雷为兄长的病情向天祷告，愿意以身代之。

巫师拿出"巫水"，让拖雷喝下去。拖雷二话不说，一饮而尽。不几天，窝阔台的病果然奇迹般地好了。托雷跟随窝阔台北归，在途中因为急病而死。

不过，拖雷有个部下站出来说，拖雷好心救哥哥窝阔台，其实中了窝阔台的计。因为窝阔台怕拖雷抢他的位子，所以故意和巫师演了一场戏，并将毒药放进那碗水中，将拖雷毒死了。

至于这话是真是假，恐怕就只有窝阔台和那个巫师知道了。

蒙古联合宋国灭金

窝阔台病好后，让速不台做主帅，继续攻打金国。金哀宗听到风声，马上就逃到蔡州去了。

速不台攻占了汴京后，窝阔台决定再次联合南宋，一起攻打蔡州，彻底消灭金国。

宋理宗同意了，说："金国与我们是世仇，这是报仇的好机会。"

金哀宗听到消息，派人跟宋理宗说："蒙古灭了西夏，就来攻打金国。金国亡了，接下来就会轮到宋国。唇亡齿寒的道理，难道你们不懂吗？"

宋理宗报仇心切，根本不理。1233年，在蒙古军与宋军的联合进攻下，蔡州外城被攻破，金哀宗在城里急得团团转。

第二年，眼看撑不下去了，金哀宗就把皇位让给了元帅完颜承麟，自己悄悄自杀了。

就在同一天，宋军攻进了内城，蒙古军也从四面涌入。可怜的完颜承麟，只当了一天皇帝，就被乱军杀死了，连尸首都找不着。

蒙古将领和宋将找到金哀宗的遗骨，各自拿一半，金银财宝也平分了，还划定了蒙古与南宋界线，然后高高兴兴地各自回去了。

就这样，从1115年完颜阿骨打建立金朝起，金朝一共经历了9个皇帝、120年，便灭亡了。

怎样劝大汗不要屠城

编辑老师：

　　你们好，我叫耶律楚材，是蒙古的中书令（丞相）。我们蒙古有一个不成文的规矩，那就是每攻打一个城池，如果遇到顽强的抵抗，那么，当城池攻下来后，就进行屠城！

　　前不久，大汗（窝阔台）攻打汴京，但一连攻了好多天，都没能攻下来。我们蒙古军损失惨重，主帅速不台很气愤，跟大王说："等我们攻下了汴京，非把里面的百姓杀光不可。"

　　我知道后，就劝大王说："我们辛辛苦苦地打仗，不就是为了得到更多的土地和百姓吗？如果只有土地，却没有百姓，那又有什么用呢？"

　　我说得口干舌燥，可大王还是犹豫不决。我现在心里是七上八下的，不知怎么办好。

耶律楚材

耶律丞相：

　　您好！我们早就听说了您的大名。记得成吉思汗在世的时候，有人向他建议，说汉人对国家没有好处，不如统统杀掉。还好您及时劝住了大汗，说可以把这些汉人留下来，给国家交税。在这里，我真是要替那些汉人谢谢您了！

　　至于这一次，您可以这样劝窝阔台，您只要说，汴京里有许多奇珍异宝、能工巧匠，以及贵族、富商。如果他将城里的人全杀了，就什么也得不到了。

　　不过，我们相信以您的聪明才智，一定早就想到了这个办法。祝您劝谏大汗成功！

（蒙古攻下汴京后，窝阔台果然没有屠城，只杀掉了金国皇族的人。）

打到多瑙河去

成吉思汗虽然已经去世了,但他的子孙后代时刻记着他说过的话:"天下之大,是你们无法想象的。你们大可以出去,多多占领土地。"

但是,周围的仇敌都被消灭了,该把谁当做下一个目标呢?成吉思汗的接班人窝阔台也搞不清楚。

1235年,当他听说摩诃末的儿子札兰丁又回来了之后,怕他死灰复燃,就带人前去征讨。札兰丁措手不及,只好逃走了。走到半路,札兰丁想去罗马搬救兵,结果被蒙古骑兵追得逃进山中,送了命。

窝阔台让术赤之子拔都率各亲王的长子们乘胜追击,带上十五万兵马,一直往西打天下。

由于在这之前,花剌子模国已经被蒙古攻克了,所以,拔都从那儿出发,很轻易就进入了欧洲境内。

最开始,拔都将目标锁定在伏尔加河一带。因为这条河是俄罗斯最大的河流,沿河地区经济比较发达。当时,俄罗斯被分成许多小的公国,拔都首先要攻打的,是一个叫里亚占的公国。

兄弟们,打到西方去!

天下风云

里亚占打不过蒙古军,没办法,只好向其他公国求援。可是,其他国家害怕自己被拖下水,都不愿意出兵。拔都不费吹灰之力,就占领了这个国家。

想不到胜利来得这么容易,拔都信心倍增,于是一鼓作气,攻城略地,一直杀到了俄罗斯最有名的城市——莫斯科。

尽管莫斯科没有其他城市那么好打,但拔都没有退却,而是在四周修上宽阔的马路,然后将投石机开过来,朝城内发射巨大的石块。还别说,这办法真管用,不到五天,俄罗斯就被拔都攻占了。

随后,拔都的队伍一直跋涉来到欧洲腹地,继续他们的侵略战争。不久,波兰被攻克。蒙古军的铁骑又挺进了匈牙利,并一直打到了多瑙河畔。

直到1242年,窝阔台去世的讣告传来,这次西征才宣告结束(历史上将这次西征称为"拔都西征")。

百姓茶馆

挤牛奶的女仆：咱们这年代啊，干什么都得凭实力，谁的拳头硬、马匹肥、武器强，谁就是老大，没得商量。

牧马人：你看看咱拔都大将军，那可真是不得了啊，那么大一个俄罗斯，被他轻轻松松就搞定了。队伍一开进欧洲，大家都被咱铁骑兵吓傻了，不知打哪儿降下这么多天兵天将来，哈哈！

某货郎：你们知道欧洲人为什么老是吃败仗吗？因为那些欧洲骑士呀，一个个穿着笨重的铁甲，把自己包裹得严严实实的。穿成这样，到了战场上跑都跑不动，更别说打仗了。而咱们蒙古人呢，一个个轻装上阵，不打胜仗才怪！

文房店老板：不过话又说回来，打仗就会有人受伤，有人死，不知拔都将军想到这一点没有。但愿他适可而止，少些杀戮呀！

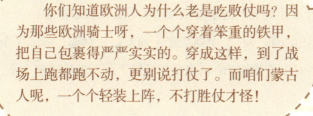

视金银为粪土的大汗

窝阔台虽然喜欢打仗，但他也有仁爱的一面。他这个人乐善好施，喜欢接济穷人。

周边各个小国进贡的金银珠宝，窝阔台往往还没登记，就散发给了百姓。那段时间，前来奏事的部下，大多都能得到他的赏赐；即使城外来的乞丐，窝阔台也大方地打赏。只要遇到穷苦的人，他就会赐给他钱财，不让任何人失望而归。

如果听到有人提起历史上那些视财如命的君王，窝阔台就会鄙夷地说："这些人真是太贪心了，钱财又没法保我们长生不老，每个人都会死，聚敛那么多钱财，又有什么用处呢？还不如散发给大家，来换取民心！"

有一回，窝阔台去街上散步，一个商贩走上前来，给窝阔台献上3个大西瓜。当时，窝阔台身上没带银两，就将皇后项链上的两颗珍珠摘下来，赏赐给这个商贩。

皇后见了，不满地说："这个商贩又不识货，拿到珍珠也不知道有多贵重，还不如叫他明天到宫里来，给他些钱。"

窝阔台却坚持要将珍珠塞到那人手中，回头对皇后说："他是个穷人，吃了上顿没下顿，等不到明天了。"

又有一回，窝阔台拿了一点儿钱，叫手下去一个平民那儿买枣，结果手下人带回很多很多枣，窝阔台看了，就问手下人："这枣怎么这么便宜？那卖枣人不会吃亏吧？"说完，又叫手下给卖枣的人送去一大笔钱。

名人有约

大嘴记者　　特约嘉宾：拖雷

身份：监国

大：大嘴记者　拖：拖雷

大：您好，大英雄！大家都想知道，您父亲成吉思汗到底有多少个儿子，现在就由您来公布答案吧！

拖：这个，很多很多，具体有多少，我也记不清了。我只能告诉你，我是第四个。

大：……蒙古不是有个规定，父亲要将财产传给最小的儿子吗？既然您不是最小的，为什么成吉思汗要将财产传给您呢？

拖：因为我是父亲的正妻最小的儿子。

大：哦，原来如此！在战场上，您可真是威风八面、锐不可当啊！请问，您还记得自己打过多少回仗吗？

拖：不记得了。那些尸横遍野、血流成河的情景，不提也罢！

大：听说您老爹最喜爱的儿子就是您了，是真的吗？

拖：应该是吧，父亲一直称我为"那可尔"。

大："那可尔"是什么意思呀？您就别卖关子了，明知道我们不懂蒙语的。

拖："那可尔"就是"同伴"的意思。

大：我懂了。既然这样，您父亲为什么不让您继承他的汗位呢？

拖：我也不太清楚，可能为了平息我们兄弟之间的纷争吧。你知道，我已经继承了父亲大多数的财产，要是再继承汗位，这对其他兄弟就太不公平了。

大：这话有道理！那在您的四个亲兄弟中，您认为谁最勇敢呢？
拖：都很勇敢啦！父亲曾经说过，天下土地宽广，河流众多，我们可以各自去扩大地盘，征服各个国家。为了实现父亲的愿望，我们四兄弟都争相出动，没有一个胆小鬼。

大：哇！那真是太强悍了！
拖：父亲曾经说过，他要让有青草覆盖的地方，都成为我们的牧场。这也是我们四兄弟的终极目标。

大：太牛了！我简直佩服得五体投地。
拖：别尽讲客气话啦，有什么问题赶紧问吧，节目都快结束啦。

大：嗯嗯，也是。在您的几个儿子当中，您认为谁最有胆识、有气魄呢？
拖：就目前来讲，我的四儿子忽必烈比较成器。

大：呵呵，您看中的一定没错啦！这孩子将来肯定会有大出息。
拖：但愿如此吧！这孩子不仅有勇有谋，而且心胸开阔，慈悲为怀，这是难能可贵的。

大：不错！不错！
拖：他将来一定会超过我的。

大：我想也是……哦，不！（捂嘴）嗯，这次节目到此结束了，咱们下期再见吧！

广 告 铺

求人带路

　　成吉思汗是我心中的大英雄。听说他死后，遗体被秘密运回故乡，埋在一棵大树下，连坟墓都没有修。他在世的时候，我没有机会见到他；现在他去世了，我很想去祭拜一下他。可是，我不知道他究竟埋在哪里，所以想请人带路（只要告诉我大概位置就好了）。

某小兵

《蒙古秘史》新鲜出炉

　　《蒙古秘史》是一本由宫廷编写的史书，记录了从蒙古部落的起源，到窝阔台汗远征欧洲的所有历史事件，对蒙古文化、习俗的变迁也作了详细的描写。想更多地了解蒙古汗国的历史吗？赶紧前来购买吧。

兴安书肆

定都公告

　　和林风景优美，周围有茂密的树林，清澈的河流，还有一望无际的大草原，既适合放牧，又易守难攻。因此我决定，从今年（1235年）起，将和林定为蒙古汗国的都城。

窝阔台

第5期

〖公元1241年—公元1260年〗

皇后专权和蒙古西征

穿越必读▶

窝阔台去世后，乃马真、海迷失两个皇后轮流专政，蒙古陷入混乱。不过，蒙古依然没有停止对外征战，还发动了第三次西征，并开始向南宋发起进攻。

喝酒喝死的大汗
——来自和林的加密快报

公元 1242 年，蒙古都城和林传来消息，窝阔台突然去世了！要问他是怎么死的，说来也好笑，竟然是喝酒喝死的！

原来，自从西夏和金国灭亡后，一直勤勤恳恳做事的窝阔台渐渐变得骄傲起来。他大兴土木，修了许多豪华宫殿，同时纳了许多后宫妃嫔，光皇后就有六个！

这第六个皇后乃马真不但貌美，而且颇有才干，生了个儿子叫贵由。窝阔台对她视若珍宝，还把宫中的大小事都交给她，不准别人过问。

由于窝阔台天天沉迷酒色，经常整夜整夜地喝酒，身体渐渐垮了下来。

这年冬天，天气寒冷，他想出去打猎，又怕旧病复发，所以心情很郁闷。身边的人见了，就怂恿他说："大汗，您不出去打猎，躲在宫里有什么好玩的呀？"

窝阔台听了，立刻叫人准备好行装，出去一连打了几天猎。回来的路上，他一高兴，多喝了几杯，结果，当天晚上就死了，死时 56 岁。

来自和林的加密快报！

乃马真扰乱朝政

窝阔台活着的时候，和大儿子贵由的关系不太好，倒是很喜欢三儿子阔出，并打算让他来继承自己的汗位。不幸的是，阔出还没等到这一天就死了。于是，窝阔台就立阔出的大儿子失烈门为继承人。

谁知窝阔台一死，乃马真就违背了他的意愿，要立贵由为大汗。可当时，贵由领兵西征去了，一时半会儿回不来。于是，在大臣奥都剌合蛮的怂恿下，乃马真宣布，暂时由自己掌管国家大权。

有一天，乃马真接到密报：铁木格大王听说朝廷里有奸臣，领着大军，朝都城奔过来了！这个铁木格是谁？原来，他是成吉思汗的四弟，也是成吉思汗唯一还活着的兄弟。

乃马真吓了一大跳，赶紧把奥都剌合蛮找来商量。奥都剌合蛮说："能打就打，不能打就守，怕他干什么！"

乃马真还是不放心，想悄悄地把都城迁到西边去。这时，她想起耶律楚材，就叫人把他找来。

耶律楚材说："朝廷是国家的根本，根本动了，天下就会大乱。如果您担心铁木格大王打进京城，可以派他的儿子去劝他，

国家大权由我乃马真掌管！

让他先把兵马留在路上，有什么事情来朝廷商量。"

乃马真就派铁木格的儿子去传话。这时，贵由也领着大批兵马，快要到达都城了。

朝廷是国家的根本，朝廷乱则天下大乱！

铁木格知道后，就说："我只是来吊丧的，没有别的意思。"然后领着兵马回去了。

乃马真对奥都剌合蛮非常信任，不仅提拔他当了相国，还把全国的大小事务，都交给他来管理。有一次，乃马真甚至拿出一张盖了御印的白纸，对奥都剌合蛮说："要下什么诏书，你自己在上面写就行了。"

耶律楚材知道这件事后，气愤地说："朝廷下诏书，应该严格遵守规章制度，怎么能这么儿戏！"从那以后，耶律楚材就被疏远了。他在55岁时去世了。

贵由回来后，乃马真想举行忽里勒台，推举他为大汗。可是，拔都和贵由的关系一向不好，他声称自己有病，一时半会儿回不来。拔都的威望在蒙古贵族中是最高的，他不来，忽里勒台就没办法举行。

为了儿子顺利继位，乃马真继续掌权。她重用了一大批不学无术的人，还废弃了成吉思汗的《大扎撒》，导致蒙古法令不统一，社会陷入混乱。

又一个皇后专权

1246年,贵由当上了大汗。第二年乃马真病逝。

为了教训一下一直与他对抗的拔都,贵由找了个借口,说和林的气候不好,西边的叶密力才适合养病,领着大军准备攻打拔都。

拖雷的遗孀唆鲁禾帖尼知道后,赶紧秘密派人通报拔都做好防备。谁知贵由突然得了一种怪病,在半路一命呜呼。一场皇室的内战也得以幸免。

贵由去世后,贵由的妃子海迷失根据窝阔台的遗命,抱着失烈门垂帘听政。海迷失的两个儿子——忽察和脑忽对母亲很不满,为了表示对抗,在别的地方建立了府邸。这样一来,国中出现了三个主子。

那些宗王们不知道该认谁当主子,一旦管辖区发生了重要的事情,就擅自签发文书,私自颁布旨令。整个蒙古汗国陷入了大混乱。

与此同时,草原大旱,河流干涸,野草成片成片地自焚,牛羊及马匹没有草吃,没有水喝,也都死了一大半。人民吃了上顿没下顿,生活异常艰难。

经过两年不间断的斗争,在1251年举行的忽里勒台中,拖雷的大儿子蒙哥被推举为新一任大汗,结束了海迷失三年的专制时期。

两位皇后前后执掌蒙古大权长达八年,也算是一件很不容易的事了。

百姓茶馆

拔都这个人太牛了,世上居然还有像他那样不贪权力的人。大家都推举他做大汗,他却宁愿让给蒙哥,称其更有管理才能。我真希望由他来担任大汗啊!

牧民甲

牧民乙

尽管蒙哥的当选破坏了成吉思汗的忽里勒台,但大伙儿还是热切希望,新一任大汗能够救民于水深火热之中啊。

成衣铺老板娘(汉人)

听说,蒙古人很喜欢占卜。蒙哥汗做任何事情之前,都会拿出三块羊肩胛骨,交给奴隶去烧,然后察看上面的裂纹。如果是竖的,他就去做这件事;如果是横的,他就不做。

刘大婶(汉人)

是啊,每当家里有人生病,蒙古人就把巫师叫来念咒语,让巫师判断,病人是自然生病,还是被巫术害的。你说,这种占卜真的有效吗?

周姑娘(汉人)

有没有效,听听我说完这件事,你就知道了。前不久,蒙哥汗的大老婆生了个儿子,他把占卜的人叫来,预言这个孩子的命运。大家都说,这个孩子命好,将来一定能成为强大的国君。结果呢,这个孩子没几天就死了。

87

黑衣大食哈里发有难

编辑老师：

你们好！

我是阿拔斯王朝（即黑衣大食）的哈里发（阿拉伯帝国的统治者）。1253年，因为木剌夷国（在今伊朗）不肯向蒙古称臣，也不肯朝贡，蒙哥便派弟弟旭烈兀开始了西征。1253年，旭烈兀从蒙古出发，1256年渡过阿姆河，开始攻打木剌夷国。

1257年，他们灭了木剌夷，又在1258年把我们的首都报达（今伊拉克巴格达）包围了起来。我们打不过，只好出城同他们讲和，请他不要大开杀戒。他也同意了。因此，当他让我把百姓们叫出来，说要清点户籍时，我一点儿都没有多想。可是，当大伙儿走出城来时，旭烈兀却命蒙古军将他们全部杀害了。

现在，我和儿子以及仆人们还被蒙古士兵死死看管着。希望你们能给我想想办法，让我早些脱身。

阿拔斯王朝哈里发：谟斯塔辛

哈里发：

您好！虽然相隔这么远，我依然能够感觉到，您是一位为百姓着想的好国王。

蒙古帝国现在四处扩充土地，面对这样一个强大的帝国，许多国家都无能为力。在战争面前，唯有强者能主宰一切，我们也爱莫能助。

听说你们国家金银遍地，我们猜想，旭烈兀之所以把您留下来，也许是贪图你们国家的金银珠宝。如果是这样，那么，当他问您这些宝物藏在哪里时，请您千万不要告诉他。因为他们得到财宝之时，也就是灭口之日。请多保重！

报社编辑

（不久，旭烈兀逼哈里发交出了黄金，并纵马踩死了他。阿拔斯国正式灭亡。这次西征一直到1260年才结束。）

四大汗国

蒙古人除了拥有蒙古本国之外，还在世界各地建立了四大汗国，分别是：钦察汗国、察合台汗国、窝阔台汗国和伊儿汗国。这些汗国都由"黄金家族"统治，并向蒙古汗国称臣。

那这四大汗国分别是怎么来的呢？

原来，窝阔台去世后，"拔都西征"也结束了。这个时候，拔都早已占领了整个俄罗斯及欧洲的大片地区。西征虽宣告结束，但拔都始终记着祖父铁木真的话——多占土地。所以他并没有回到蒙古，而是在俄罗斯建立了"钦察汗国"。因为拔都喜欢用金色面料做帐顶，而他的名字又响彻整个欧洲，所以他的汗国也叫作"金帐汗国"。

在四大汗国中，"金帐汗国"的占地面积最大，这是拔都西征的战争成果。而"伊儿汗国"是旭烈兀西征之后，在波斯等地建立的国家。

这两个汗国大都信奉伊斯兰教，因此都成了伊斯兰教国家。而察合台汗国、窝阔台汗国，则是成吉思汗留给两个儿子察合台和窝阔台的巨额遗产。

正因为有了这四大汗国，蒙古帝国的领土面积一下子达到4400万平方公里，成为当之无愧的世界第一大国。

揭秘蒙古大汗的葬礼

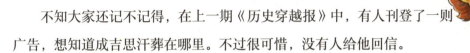

  不知大家还记不记得，在上一期《历史穿越报》中，有人刊登了一则广告，想知道成吉思汗葬在哪里。不过很可惜，没有人给他回信。

  而且奇怪的是，蒙古所有的大汗，都没有陵墓。这是怎么回事呢？

  原来，蒙古大汗的安葬方式，跟汉朝皇帝的安葬方式有着很大的区别。大汗死后，人们往往是找两片很厚的木板，将中间凿空，留出比人大一点儿的空间，将大汗的遗体放在中间，然后把两片木板合起来，就算封了棺。

  接着，大伙儿在地上挖一道很深很深的坑，把棺材埋下去，盖上土，赶来马群，把这个地方踏成平地。

  安葬好后，朝廷还会派一支队伍，把这个地方暂时封锁起来，等到上面长出绿幽幽的青草，一点儿也看不出痕迹时，再解除封锁。这样，谁也不知道大汗到底埋在哪儿了。

  可是，如果大家都找不到大汗下葬的地方，那他们去哪儿祭祖呢？

  所以，蒙古人还会将一头小骆驼带到墓葬地点，当着母骆驼的面将它杀死。看到自己的孩子惨死，母骆驼会发出凄厉的号叫，并永远记住这个失去孩子的地方。

  到了祭祀的时候，人们只要把这头母骆驼牵来，它就会找出当初洒下小骆驼鲜血的地点，在那里长跪不起。

  本报编辑认为，这种安葬方式不仅节省了人力、物力，还免除了盗墓贼的骚扰。只是，那无辜的小骆驼太可怜了。

名人有约

身份：蒙古大汗

大：大嘴记者　蒙：蒙哥

大： 大汗您好！欢迎来到《名人有约》，我们上期采访您的父亲拖雷，这期采访您，看来我们报社与你们家真是有缘啊！

蒙： ……

大： 听说你们家的四兄弟（蒙哥、忽必烈、旭烈兀和阿里不哥）都能征善战，那么，您认为谁更厉害一点儿呢？

蒙： 应该是忽必烈吧！

大： 在上期节目中，您父亲似乎也说很看好您这个弟弟哦！要是他和您竞争汗位，您会怎么办呢？

蒙： 这种事情不会发生啦，兄弟之间，就当以和为贵。

大： 嗯，有道理。"蒙哥""蒙哥"，这名字怎么越念越有意思呢！

蒙： 记者不要取笑了，我们蒙古人的名字，和你们汉人的名字是不一样的。实际上，"蒙哥"就是"长生"的意思。

大： 原来如此！我今天又长了见识了，哈哈。

蒙： 那看来你对我们蒙古人了解得还不够啊！

大： 那是，那是。不知蒙哥方便给我介绍你们的风土人情不？

蒙： 没问题！首先，我们蒙古人喜欢喝酒，除马奶酒外，我们还常喝露酒，这种酒很醇、很烈，喝起来非常过瘾。

大：那你们一般吃什么呢？

蒙：兔肉、鹿肉、马肉、羊肉，都喜欢吃。

大：在着装方面，你们和汉人有什么区别呢？

蒙：在我们蒙古，男女都穿长袍。结了婚的女人一般穿宽阔的披肩，青年妇女有时还穿男人的衣服。平民一般戴扁帽，贵族妇女则头戴五彩顾姑冠。

大：哈哈，听起来不错！我似乎看到一群戴着五彩顾姑冠，身穿彩袍的靓丽女子，在草原上翩翩起舞……

蒙：那是！

大：哦，对了，你们蒙古族有什么禁忌吗？

蒙：嗯，当然有。我们不喜欢黑色，认为那是不吉利的颜色；进蒙古人的帐幕时，禁止用脚踏门槛；吃到嘴里的食物不能随便吐出来……

大：哦……

蒙：还有，可汗出入宫廷时，是不能从一条道上往返的。可汗返回宫时，必须走与出来时不同的路。

大：规矩还挺多的嘛！南宋就没这么多讲究了。哦，对了，您最近不是打算攻打南宋吗？您觉得有几成把握？

蒙：哼哼，南宋迟早会被我们打下来的！

大：可是，即使您征服了南宋，大家的风俗习惯、文化什么的，都大不一样，也不能相融啊！

蒙：这个……

大：您还是回去再仔细想想吧，这期采访到此结束了，好走！不送！

（1259年，蒙哥率军包围了南宋的钓鱼城，结果，蒙哥被南宋的石炮打伤，没多久就死了。）

广告铺

出售《鲁布鲁克东行记》

大家还记得鲁布鲁克吗？前些年，他被法国的路易九世派来传教，还得到我们蒙哥汗的接见。他回国后，写了一本《鲁布鲁克东行记》。你想知道他是怎么描写我们蒙古人的吗？哈哈，那就快来买一本吧。到目前为止，只有我们书店能买到这本书哦。

草原书肆

转卖罕见大银鼠

大家都知道，我们蒙古的王公贵族都喜欢穿用貂鼠、银鼠的毛皮做的衣服。前天，我从一个猎户那里买到一只十分罕见的大银鼠，现在想把它转卖给识货的人，价高者得。

琪琪格

倡导书

这段时间，我一直在研究一本书，名叫《几何原本》是古希腊数学家欧几里得写的。我认为，我们蒙古人除了骑马打仗，研究研究数学也是很有必要的，因此，我希望大家都来看看这本书。

蒙哥

第6期

〖公元1260年—公元1270年〗

可汗之争

蒙哥死后,他的两个弟弟忽必烈和阿里不哥为了争夺汗位,发动了内战。经过一系列战争,忽必烈胜出,当上了蒙古可汗,阿里不哥则被囚禁起来。

穿越必读

一个国家，两个可汗
——来自开平府与和林的快报

来自开平府与和林的加密快报！

蒙哥突然去世，死前没有交代让谁继承汗位，而他的儿子又都没有战功，因此最有可能继承汗位的，是他的三个弟弟：忽必烈、旭烈兀和阿里不哥。

旭烈兀成了波斯汗，没有余力再来争夺中央汗位了。剩下的，就只有忽必烈和阿里不哥了。

比起战功赫赫的忽必烈，阿里不哥没有什么才能。不过由于忽必烈任用汉人，学习汉文化，得罪了很多蒙古贵族。而且按照蒙古的习俗，就是由最小的儿子继承家业。因此，阿里不哥有一大批支持者。

这时，忽必烈的妻子察必也在和林，当她知道阿里不哥正准备召开"忽里勒台"，急忙派人将这个消息告诉了忽必烈。

忽必烈接到消息，撤回了大部分征宋大军，从武昌北上，来到开平府，自立为汗。当然，按照《大扎撒》上的法令，忽必烈这个大汗是名不正、言不顺的。

阿里不哥听说哥哥抢在了自己前头，急坏了，匆匆忙忙在和林称了汗。就这样，一个蒙古国，出现了两个大汗。

忽必烈与蒙哥解除误会

忽必烈是成吉思汗的孙子,拖雷的儿子。与那帮骁勇好战的族人不同,他从小就爱读书、爱思考,特别喜欢汉族文化。虽然他不像他的兄弟那样高大威猛,但他双目炯炯有神,看起来很有精神。

蒙哥在世的时候,忽必烈非常尊重自己的这位兄长。蒙哥能当上可汗,其中就有忽必烈的功劳;蒙哥也特别信任这个弟弟,并给了他很大的权力。

忽必烈36岁的时候,蒙哥派他去管理蒙古南部的中原地区,那里是汉人的聚居地之一。

忽必烈到达中原后,将官府设在以前金国皇帝避暑的胜地——金莲川(位于今河北省北部)。金莲川一带,到处盛开着金灿灿的莲花,景色十分迷人。在这里,忽必烈开始了他宏图大业的第一步。

由于经常与汉人打交道,所以忽必烈接触了比较全面的汉文化。闲暇时,他要么学习儒家、佛教或道教的典籍,要么钻研一下诗歌和散文。此外,他还招募了大量汉族的儒家文人,尊敬并重用他们。

在大家的辅佐下,忽必烈大力发展漠南的农业,训练并整顿军队,将他所掌管的地区治理得井井有条。

可是,蒙哥见忽必烈和汉人走得太近,害怕他实力

增强之后会背叛自己，所以想将他召回和林，并将那些中原的官员处死。

忽必烈听后非常难过，心想那些官员都是自己最亲近的人，如果他们被杀害，日后谁来帮忙治理中原呢？

有位汉人朋友知道这件事后，诚恳地对忽必烈说："可汗是您的兄长，又是一国之君，您现在虽然蒙受冤屈，但也得珍视亲情啊！不如这样吧，您把家人都送到可汗身边去住，以表您的诚心，可汗见您如此尽忠，就不会听信那些谣言了。"

忽必烈听了，觉得很有道理，征求了妻子察必和儿子的意见后，忽必烈就将他们送到了都城和林（相当于做人质），又亲自到和林拜见哥哥。

经过一番推心置腹的交谈，兄弟间的误会很快消除了，二人又像当初那样，同心协力、相互信任，共同把蒙古建设得繁荣昌盛。

两个可汗之间的战争

阿里不哥当上可汗后,就兵分两路,南下向忽必烈进攻。可是,刚走到半路上,就碰到了忽必烈的手下大将廉希宪。

经过一场激战,阿里不哥的八万大军被打得一败涂地,大将阿兰达儿也被廉希宪抓获。

阿里不哥见大事不妙,只好撤出和林,退到了他的旧部乞儿吉思地区。他一边派使者去跟忽必烈假意求和,一边趁忽必烈不备,火速出兵,重新攻下了和林。

这种诈降的做法,让忽必烈十分气愤。一年后,忽必烈便派兵再次去攻打阿里不哥。两军交战,打得胜负难分。

正在这个关键时刻,察合台宗王阿鲁忽突然拒绝听命于阿里不哥,还截留了他的粮草。阿里不哥十分气愤,转身向西征讨阿鲁忽。

这一出人意料的背叛,使成功的天平彻底偏向了忽必烈这一边。

忽必烈不费吹灰之力,就重新占领了和林。

1264年,阿里不哥被两军围住,加之缺乏粮草,进退两难,最后终于向忽必烈投降。为了谨慎起见,忽必烈处死了阿里不哥的主要拥护者,并将阿里不哥囚禁起来。

至此,兄弟之争终于得到平息。

百姓茶馆

牧马人甲：听说，忽必烈打败了阿里不哥后，问他："按道理来讲，咱们两个到底谁该当可汗？"你们猜，阿里不哥是怎么回答的？

牧马人乙：我知道，我知道，阿里不哥说："原来我是对的，现在汗王你是对的。"不过，我不太明白这句话是什么意思。

牧马人丙：这还不简单，阿里不哥的意思是，按道理，还是应该他来当可汗。只不过现在，他被忽必烈打败了，有理也变成没理了。

牧羊人甲：我也认为阿里不哥有理。咱们蒙古族有规定，父亲的财产和权力都由小儿子继承，阿里不哥是拖雷最小的儿子，他做可汗才说得过去。

牧羊人乙：我不同意。应该是谁有本事谁当可汗。这样，我们蒙古族才会兴盛，百姓才会过上好日子。

忽必烈不再重用汉人

正当忽必烈去漠北攻打阿里不哥时,一个士兵急匆匆地冲了进来,报告说:"不好啦,江淮大都督李璮(tǎn)起兵造反啦!他把海州和涟水等城献给南宋,还杀害了驻守在那儿的蒙古军,现在已经开到山东益都来了。"

忽必烈大吃一惊,连忙问汉人谋士姚枢:"李璮是什么来头?"

姚枢回答:"这李璮是山东军阀李全的儿子,长期掌控着益都一带。他手底下有一大批兵马,而且从来不听从朝廷的调遣,看来是另有打算。据我所知,朝中官员王文统是他岳父,说不定他俩会来个里应外合呢!"

"王文统真是太令我失望了,亏我还那么信任他!"忽必烈很气愤,又问姚枢:"你认为他们下一步要做什么?"

姚枢想了想说:"有三种可能:一、他一直打到燕京去,控制居庸关,这是上策;二、他与宋朝联手,占据南方,进攻北方,这是中策;三、他向济南出兵,等待其他汉人前来投靠,这是下策。"

忽必烈问:"那依你看,他会选哪一种?"

"我想是第三种。咱们马上就可以拿住他!"姚枢满怀信心地说。

果然,李璮还没有足够的实力攻打燕京,所以将军队驻扎在济南。尽管他送了三座城池给南宋,也表达了联手抗蒙的决心,但南宋没有任何动静,想必是等着坐收渔利吧!

可就在这时候,蒙古军突然杀到济南,将李璮的部队围困在那里。

在没有援军和粮草供应的情况下,不出一个月,李璮便人困马乏,粮

草短缺。饥肠辘辘的士兵们只好跑到百姓家里去吃饭，弄得鸡飞狗跳、人心惶惶。结果仗还没有打，许多士兵就脚底抹油逃跑了。

李璮知道没有胜算了，只好跳进大明湖中，想一死了之。谁知湖水太浅，根本淹不死人。结果，落汤鸡一样的李璮被蒙古军抓了起来，绑到蒙古将领面前杀掉了。

听到这个消息，正出征漠北的忽必烈总算舒了一口气。不过，他在心里暗想：看来，以后还是不要再重用汉人了，免得再发生这样的事情。

再也不重用汉人了！

海都想发动叛乱

编辑老师：

　　您好！我叫海都，是窝阔台的孙子。成吉思汗在世的时候，曾经说过这样一句话："只要窝阔台还有一个吃奶的后代，就可以优先继承汗位。"全体宗王也都赞同这句话。

　　可是，十多年前，拖雷的儿子蒙哥做上了大汗。这件事情，使我们黄金家族从此内部摩擦不断。而现在，拖雷的两个儿子忽必烈和阿里不哥又发生了冲突，为的还是大汗这把交椅。

　　拖雷的后人继承大汗的位置，是不被承认的。我才是汗王的不二人选。现在我忍无可忍，决定发动叛乱，自立为王，不知编辑们认为怎么样？

海都

海都：

　　您好！有件事情，也许您还不太清楚，那就是拖雷活着时，曾经为了救您爷爷窝阔台，喝下了巫师手中去除病魔的水，然后死了。

　　拖雷死后，您爷爷觉得对不住他，就尽心尽力地扶持拖雷的几个儿子。所以，从一定程度上来说，拖雷的后代继承汗位，您爷爷也许会安心一些。

　　当然，现在忽必烈和阿里不哥之间有了矛盾，您可以支持忽必烈，也可以支持阿里不哥。但如果您想造反、自立为王的话，也许能成功，不过，这样做是乘人之危，是不道德的。

报社编辑

　　（然而，海都还是建立了窝阔台汗国，与忽必烈对抗。1264 年，阿里不哥向忽必烈投降，兄弟俩重新联合起来，一致对外。）

八思巴字横空出世

塔塔统阿虽然创造了蒙古文，但许多蒙古人整日里忙着扩充领土和放牧，也没有时间来学习新的文字。因此，很多官员连自己的名字都不会写，是十足的文盲。

官员怎么能够是文盲呢？这可不行！忽必烈继位后，决定创制一种统一的新文字，让大伙儿不再做睁眼瞎。

于是，忽必烈命国师八思巴创造一种"蒙古新字"。八思巴是个吐蕃喇嘛，他接到命令后，便开始苦苦思索。有一天，他看到一个女人拿着搔木跪在地上，一下子灵感爆发：哈哈，我可以根据搔木的形状，来创造一种新的字母！

于是，他在吐蕃、印度文字的基础上，根据蒙古语言的音调，创制了一种新的方形文字，这种文字便是"八思巴字"。

1269年，八思巴字作为蒙古的"国文"，被正式推行。它主要用于官方文书、印章、碑刻、钱钞等方面。忽必烈还规定，朝廷所有的公文，都必须用八思巴字来写。

为了进一步推行八思巴字，忽必烈还命人在京师建立了国子学，让蒙古贵族的子弟来学习这种新字；并在各地设立学校，向一些品学优异的年轻人传授新字。

编辑评说

八思巴字倾尽了八思巴的心血，在一定程度上推进了蒙古的文明发展。不过，这种文字并没有流传下来。所以，蒙古人现在使用的还是塔塔统阿创造的蒙古字。

忽必烈赐名"涮羊肉"

有一次,忽必烈与部下发现了一种非常好吃的羊肉片,并给它取名为"涮羊肉"。从那以后,人们都争相做这种羊肉片吃。一时间,涮羊肉成了最受欢迎的食物。

还记得那天,忽必烈领兵出征,途中人困马乏,大伙儿饥肠辘辘。这时,忽必烈突然想起了家乡的菜肴——清炖羊肉,于是命部下杀羊生火,做这道菜。

正当伙夫宰羊割肉时,有人飞奔进帐,向忽必烈报告说,敌军就要逼近了。忽必烈可不想饿着肚子打仗,于是一面准备迎敌,一面大喊:"羊肉快点!羊肉快点!"

厨师知道忽必烈性格急躁,于是飞快切下十多片薄羊肉,放在沸水里搅拌几下,等到肉色一变,马上捞起来,盛入碗中,撒下细盐,端给忽必烈吃。忽必烈连吃几碗,翻身上马,迎向敌军,结果旗开得胜。

在筹办庆功宴席时,忽必烈再次点了那道薄羊肉片。这一次,厨师精心挑选了绵羊的嫩肉,切成薄片,放入开水锅中,捞起来后,再配上葱花等佐料,弄得色香味俱全。

将帅们吃了,交口称赞。厨师见了,忙迎上前对忽必烈说:"这道菜还没有名字,不如请大汗赐个名字吧!"

忽必烈想了想,笑着回答:"我看就叫它'涮羊肉'吧!"

从此,"涮羊肉"就出了大名。

名 人 有 约

身份：忽必烈的皇后

大：大嘴记者　察：察必

大：您好！皇后。听说您是个特别大气、能干、贤惠的皇后，大汗最宠的就是您，蒙古百姓也都非常喜欢您。作为一个集万千宠幸于一身的女人，您感觉有压力吗？

察：要是你说的话是真的，我就没有压力了。

大：哈哈！作为一个妻子，您始终能得到大汗的尊重，这是难能可贵的。请问，您是怎么做到这一点的呢？

察：作为一个妻子，就应该一心一意地支持丈夫的事业，与他同生共死。

大：所以您为了他，心甘情愿地去和林充当人质。

察：我别无选择。

大：哦……原来是这样。我听说，您还会设计服装，是真的吗？

察：懂一点儿啦！大汗骑马穿的比甲（类似马甲），就是我设计制作的。

大（疑惑）：比甲？

察：这种衣服没有领子、袖子，后襟比前边长一倍。披着这种衣服去射箭或者打猎,是非常方便的,而且也十分保暖。

大:哦,听起来很不错。
察:是啊,现在大家都争相定做这种衣服,它流行着呢!

大:佩服!佩服!听说,您的这种技艺,还曾经被大汗用来笼络人心,有这事吗?
察:是这样的,有段时间,大汗迷上了汉学儒术,就把一个叫赵璧的汉人召来做官,还叫我给他做了一件蒙古袍,用来表示友好和尊重。

大:这个办法果然厉害!您是不是还发明了一种带檐的帽子,大汗还把它作为军装配备推广到远征军中?
察:是有这么一回事。

大:了不得啊!呃,如果……我是说如果南宋灭亡了,您会怎么想呢?
察:自古以来,没有哪个朝代可以千秋万载。不过,我还是希望我们的子孙不要重蹈覆辙。

大:您真是个明白事理的人。据说,您千里迢迢从成吉思汗的故乡挖来一棵草,栽在王宫里,是什么样的草让您如此牵魂呢?
察:这草名叫"誓俭草",我之所以将它移栽到王宫来,是为了提醒自己以及子孙后代要节俭,不能随意挥霍钱财。

大:哇,我真是太崇拜您了,都有点儿舍不得让您走了,但是没办法,由于时间关系,我们今天的采访到此结束了,再见!
察:好的。再见!

广告铺

金莲川幕府招贤纳士

　　金莲川幕府是忽必烈大人的官府。忽必烈大人在这里诚心招募汉族的儒家文人，不论您是什么身份，只要您精通儒学，对儒家文化有自己的见解，金莲川幕府就欢迎您的到来！

　　请您放心，忽必烈大人绝不会看低外族，对各个民族绝对是一视同仁。

金莲川幕府

忽必烈的诏书

　　前不久，有人从于阗（Tián）（在今新疆）运来一块珍贵的大墨玉，献给了我。我已经吩咐皇家玉工，把它做成一个大酒瓮，放在广寒殿里，用来彰显我们蒙古汗国的强盛！特此昭告天下！

忽必烈

官员的放假安排

　　全国的官员们都听好了，关于节假日的安排如下：

　　每年的元正节（相当于汉族的春节）、寒食节，放三天；天寿节（皇帝的生日）、冬至，放两天；立春、重午（端午节）、立秋、重九（重阳节）……放一天。但要是公务繁忙，那就另当别论啦！

忽必烈

智者为王

智者第❷关

1. 西夏灭亡后，西夏百姓的结局怎么样？
2. 蒙古第二次西征的首领是谁？
3. 窝阔台是怎么死的？
4. 窝阔台死后，他的哪位皇后开始掌管朝政？
5. 蒙古族最忌讳的颜色是什么？
6. 蒙古有哪四大汗国？
7. "金帐汗国"是谁西征的产物？
8. 蒙哥是成吉思汗的什么人？
9. "黑衣大食"是被谁消灭的？
10. "八思巴字"是谁发明的？
11. 蒙哥是怎么死的？
12. 蒙哥死后，他的哪两个弟弟为了争夺汗位打了起来？
13. 忽必烈是一个排斥异族的大汗吗？
14. 忽必烈时期，是谁发动叛乱，建立了窝阔台汗国？
15. "涮羊肉"这个名字是谁取的？

智者无敌 王者为大

第 7 期

〖公元 1271 年—公元 1274 年〗

忽必烈统一中国

1271 年，忽必烈建立元朝后，向南宋发动了大规模的进攻。这时，南宋早已经衰落，再加上出了个奸臣贾似道，很快，南宋就灭亡了，忽必烈统一了全中国。

穿越必读

蒙古骑兵攻入南宋
——来自临安的快报

从1263年起,忽必烈便开始攻打宋朝。南宋因为奸臣贾似道当道,全国上上下下不得安宁。蒙古几度进攻襄阳,宋朝将士一面苦守,一面向京城求援。宰相贾似道却生怕被皇帝知道,祸及自己,隐瞒不报(襄阳苦守五年后,最后不得不于1273年投降)。

1271年,忽必烈改国号为"元",做起了元朝的第一任皇帝(史称元世祖),并再次准备向宋朝进攻。不过,在这之前,他派出一批使者,前往宋朝谈判。

然而,意想不到的事情发生了!贾似道竟然为了向皇上邀功,谎报军情,将忽必烈派来的使者全部杀害,当做俘虏献给了宋朝朝廷。

忽必烈得到消息后,勃然大怒。他二话不说,率领大队人马朝南宋杀了过来,很快就逼近了宋朝的都城临安,南宋岌岌可危!

来自临安的加密快报!

一个奸臣亡了一个国家

这个贾似道,为什么要杀光元朝的使者呢?

原来,这些年南宋国力日渐衰弱,但"瘦死的骆驼比马大",宋朝依然拥有两百万大军、七十万精兵。而忽必烈手下将士全部加起来,也只有五十万。因此,蒙古几次进攻南宋,都没有讨到什么便宜。

可是,南宋皇帝整天沉迷玩乐,大权落到了宰相贾似道手中。这个贾似道没什么本事,只不过有个姐姐做贵妃,这才做上了宰相。

贾似道从来没有打过仗,当蒙古人打过来时,他只能带着两百万大军干瞪眼。最后,他怕打不过蒙古军,就派使者去谈判,让蒙古人撤兵,并答应将长江北面的部分城市割让给蒙古,而且每年向蒙古供奉二十万两白银,以及二十万匹绢。

将蒙古人打发走后,贾似道还跑到皇帝面前邀功说:"这些蒙古人没什么了不起的,皇上您瞧,我这不是把他们赶回去了么?"

没过多久,忽必烈又打了过来,开战前,还派了使者来与大宋谈判。

贾似道想:这些使者要是见了皇上,那向蒙古人求和的事情,不就败露了吗?他越想越怕,于是一不做二不休,将使者全都杀了。

等到元军打到家门口时,宋朝才匆匆忙忙地出兵,可这时已经太晚了。1276年春天,元军占领了临安;1279年,崖山海战中,南宋全军覆没,南宋就这样走到了尽头。

皇帝仁慈,请大家不要再反抗

编辑老师:

你们好!我是蒙古大将伯颜。你们应该知道,自古以来,我们蒙古人就有屠城的习惯。有时候,我们还会把城里的老百姓杀光,比如说对西夏。

但是,我在进攻南宋前,皇上(忽必烈)却对我说:"我希望你能像曹彬学习。"曹彬你们知道吧,他是宋朝的开国将领,曾经跟着宋太祖赵匡胤(yìn)打天下。

皇上说:"当年,曹彬攻打江南时,从不滥杀无辜,因此,江南的百姓都真心归顺了宋朝。如果你也能像他一样,那你就是我的曹彬。"

我牢牢记住了皇上的话,领军南下后,每攻打一个城池前,我都会派使者跟宋朝的官员谈判,要官员为百姓考虑,归顺元朝。我们攻下宋朝的城池后,也尽量不破坏里面的建筑,不伤害里面的百姓。

我之所以写这封信,是希望通过这份报纸,告诉天下的汉人,不要再反抗元朝了,我们元朝的皇帝既仁慈,又英明,一定会让大家过上幸福的日子!

海都

伯颜将军:

您好!的确,你们的皇帝忽必烈是个仁慈的皇帝,他深深地明白一个道理:一位明君,不应该用暴力来使老百姓屈服,而应该"以德服人"。

您的信,我们会刊登出来。不过,在元朝的统治下,汉人究竟会不会过上幸福的日子,我们深感怀疑。

百姓茶馆

大都一千户

咱们这时代,一个女人生四个儿子可不稀奇,不过,要是一个女人生出四个皇帝来,那还真是不简单啊!你们看成吉思汗的儿媳、拖雷的妻子唆鲁合贴尼,她就生了四个皇帝:蒙哥、忽必烈、旭烈兀和阿里不哥,一个个都很了不得呢!

百户甲

这个女人真是了不得啊。当年,窝阔台死后,她一边支持贵由,给拖雷家族争来不少权力和荣誉;一边又给拔都报信,说贵由要来攻打他。后来,拔都为了报恩,就主动提出立她的儿子蒙哥为汗。只可惜,蒙哥刚刚继位,她自己就死了。

百户乙

她没看到忽必烈和阿里不哥打来打去,不也挺好吗?不过,后来忽必烈建立了元朝,统一了中国,她不知道这事儿,倒真有点儿遗憾。

放牧好，还是种田好

放牧好还是种田好？相信大家各有各的看法。有的说："放牧好，有牛奶喝啊！"有的则说："种田好，有饭吃，有棉布衣服穿。"

不过，刚开始的时候，蒙古贵族并不知道种田有什么好处。窝阔台做可汗的时候，就有一个贵族对他说："汉人老在一块田里耕来耕去，有什么好的啊，不如把他们全杀了，把他们的土地变成牧场，供我们养牛羊。"

可是，放牧只适合人口稀少、土地广袤（mào）的地区，对于人口密集的中原地区，如果没有了良田，就会活活饿死很多人。况且不种田耕地，没有棉花，拿什么织布呢？

因此，大臣耶律楚材劝阻道："我们这样南征北战，肯定需要不少物质供给，如果向农民适量征点儿税，我们每年就能得到五十万两白银，四十万万石粮食和八万匹绢。这样一来，我们就可以安心去打仗了。"

窝阔台想了想，听从了他的建议。不过，蒙古人进入中原后，还是有很多贵族把田地变成了牧场，就连燕京一带都有人放牧。一段时间后，粮食大大减产，国家的经济严重倒退。

忽必烈统一中国后，提出"以农桑为急务"的方针，开设"劝农司"，派官员到各处督促农民耕田种地。如果一个地方的农业发展得不好，他就摘掉当地官员的乌纱帽。同时，他还派人四处搜集各种农耕经验，编成了一本《农桑辑要》，用来指导农业生产。

过一段时间后，全国的经济总算有了起色。

东方皇帝与西方教皇的通信

威尼斯有两个商人,一个叫尼古拉·波罗,另一个叫马菲奥·波罗。他们就像中国古代的吕不韦一样,哪里有钱赚,就往哪里钻。

有一次,他们在布哈拉做生意时,遇到了伊尔汗国的使者。使者正要去大都拜见忽必烈,就问他们:"你们愿不愿意跟我一起去中国啊,我们的皇帝(忽必烈)从来没有见过黄头发、蓝眼睛的西方人。你们要是去了,他一定会对你们感兴趣的。"

两兄弟一听,立马欢天喜地收拾好行李,跟着使者来到了大都。

1265年,忽必烈听说从欧洲来了两个商人,果然热情地接待了他们,还询问了很多关于欧洲的问题。最后,他认真地写了一封信,让他们带给罗马教廷的克莱门特四世教皇。

在信中,忽必烈真诚地问候了教皇,并提出,让教皇派100名精通"七艺"(修辞、逻辑、语法、数学、天文、地理、音乐)的人,来中国传播西方文化。此外,他还想得到一点儿耶稣墓上的灯油(据说,这种灯油不但能给人带来福气,还能治病救人呢)。

尼古拉兄弟接受了这个神圣的任务。遗憾的是,当他们花了三年时间,历尽千辛万苦赶到罗马时,克莱门特四世教皇已经去世了,他们只好等待下一任教皇上任。

这段时间,他们抽空回了趟老家威尼斯。这时候,尼古拉知道自己的妻子已经离开了人世,不过,他们的儿子马可·波罗倒是长成了一个俊小

天下风云

伙儿。

小马可对父亲说："爸爸，我也想去中国见见世面，下次您能带我一起去吗？"尼古拉答应了儿子的请求。

不久，新教皇上任了，他早就听说了大名鼎鼎的忽必烈，现在收到忽必烈的来信，非常高兴，一口答应了他的请求，还写了一封热情洋溢的回信。

于是，尼古拉兄弟带着教皇的回信，再次踏上了去中国的路。不过这次，他们还带上了十七岁的小马可。他们到达大都的时候，已经是公元1275年了，原来的蒙古汗国也变成了元朝。

忽必烈再次见到尼古拉兄弟，别提有多高兴了。他看了教皇的回信后，满意极了，连忙赏赐了三名"杰出的使者"。他见小马可机灵活泼，心里非常喜欢，就把他留在身边做了官。

马可·波罗和他的游记

马可·波罗做了元朝的大臣后,很快就学会了各种宫廷礼仪,也了解了一些民间的风土人情。忽必烈见他学东西很快,就派他去了云南。

云南有许多奇异的景观,以及有趣的风俗习惯,这些让马可·波罗大开眼界。回到大都后,他把那些奇闻逸事一一讲给忽必烈听。他讲得绘声绘色,忽必烈被深深吸引住了。

忽必烈想:这个小伙子,倒是一个不错的使者。于是把他派到了全国各地,甚至派他去访问越南、缅国、印尼和菲律宾。每一次,马可·波罗都能出色地完成任务,并将一路上看到的、听到的讲给忽必烈听。

一转眼,二十年过去了。这时,马可·波罗的父亲和叔叔都上了年纪,他们三人都非常思念自己的故乡。因此,他们多次请求忽必烈允许他们回家,但忽必烈舍不得他们走,每次都不同意。

终于有一次,伊儿汗国的王妃去世了,这个王妃原本是蒙古贵族,因此,汗王请求忽必烈再赐给他一个蒙古贵族的女子。忽必烈于是选了一个名叫阔阔真的女子,打算派人送给他。

我是中国的大臣,马可·波罗。

天下风云

　　马可·波罗的父亲和叔叔知道后,赶紧跑到忽必烈跟前,请求说:"派我们去吧,我们以前做生意的时候,到过那里,熟悉那儿的路。"

　　在他们的再三请求下,忽必烈终于同意了,于是派他们一家三人护送阔阔真去伊儿汗国。

　　将阔阔真送到伊儿汗国后,马可·波罗一家又走了三年,终于回到了故乡威尼斯。他们将东方带回的宝石、香料和珍珠拿出来后,看得大伙儿眼睛都直了。于是,大伙儿给马可·波罗送了一个外号——百万富翁马可。

　　没过多久,威尼斯和邻居热那亚发生了战争。马可·波罗买了一艘战舰,兴冲冲地去参加战斗,却被热那亚人捉住了,关进了大牢。

　　热那亚人早就听说了马可·波罗的大名,于是纷纷跑到牢里看他,让他讲他在中国的故事。当时,还有个叫鲁思梯谦的比萨人,和马可·波罗关在一个牢房。鲁思梯谦觉得马可·波罗的故事很有趣,就把它们记下来,写成了一本书,这就是著名的《马可·波罗游记》。

　　书中说,中国遍地都是黄金,非常富有。那些西方人看了,一个个都对中国向往不已。

来自尼波罗的优秀工艺师

在元朝，不仅有外国大臣，比如马可·波罗，还有外国工艺师。阿尼哥就是来自尼波罗（尼泊尔）的工艺师。他是尼波罗王族的后裔，擅长雕塑和铸造，就连忽必烈都对他啧啧称赞！

忽必烈刚称汗那会儿，准备在吐蕃（西藏）建造一座黄金塔。当时，尼波罗有许多能工巧匠，因此，忽必烈向尼波罗国王下诏，让他挑选80位工匠来吐蕃负责这个工程。

年仅17岁的阿尼哥请求国王，让自己一同去吐蕃。其他工匠见他年轻小，纷纷嘲笑他。

阿尼哥反驳说："年纪轻并不代表脑子笨啊！"一句话让其他人无言以对。国王也觉得有道理，就同意了他的请求。

来到吐蕃以后，国师八思巴很喜欢这个年轻人，让他担任这项工程的领头人。两年后，阿尼哥出色地完成了黄金塔的修建。八思巴非常满意，就将他带到忽必烈跟前，请求把他留下来。

忽必烈问他："阿尼哥，你到中国来干什么？"

"我来自西域，奉命修黄金塔，现在塔已经建好了，可是，您的国土上却连年发生战争，老百姓一定不好过。我希望能够留下来，帮助他们摆脱困境。"

忽必烈听了，对阿尼哥赞赏有加。从此以后，国家有什么重大的工程，忽必烈都会交给阿尼哥来办理。

名人有约

身份：元世祖

大：大嘴记者　　忽：忽必烈

大：哇，今天，我们这儿可来了一位重量级人物！欢迎您！

忽：呵呵，记者好，很高兴能在这儿与你交流。我对你们中原的儒学特别感兴趣，从今以后，记者你就做我的老师，教我中原文化吧。

大：我看还是您教我骑马射箭比较靠谱。

忽：没问题，现在蒙古人和汉人是一家了，可以在一起互相学习。

大：嗯，您可是为民族融合做了大贡献。

忽：实际上，要做到真正的融合，是不容易的。你知道，蒙古人习惯了放牧和打仗，难以适应汉文化。

大：是啊。您打算怎么做呢？

忽：马上只能打天下，却不能治天下。作为一国之君，我决定启用大量儒家士大夫，利用儒家思想来治国安邦。

大：听起来不错呀。不过，大家的宗教信仰也不相同吧？

忽：嗯。蒙古人一般信奉萨满教，汉人信奉佛教和道教。

名人有约

大：那您准备推崇哪种宗教呢？

忽：我没什么偏袒，允许所有的宗教在中国传播，大家都有宗教信仰的自由。

大：难怪我听说最近有一批伊斯兰教的信徒涌入了中国。

忽：哈哈，他们想来就来吧，我热烈欢迎！（后来，这些伊斯兰教徒在中国定居下来，渐渐形成了回族。）

大：咱们中国这个大家庭真是人丁兴旺啊！

忽：这样很好啊，各民族有各民族的特色。不久之后，中国就会成为一个百花齐放的大花坛。

大：我采访过那么多皇帝，您是心胸最开阔的一位啦！对了，元朝为什么要把都城定在大都呢？上都（开平府）不是也很好吗？

忽：我本人对上都是很有感情的，不过，这座城市在游牧地带，太偏远了。而现在，我已经是全中国的皇帝了。所以，我只能忍痛割爱，把它放弃了。不过，我们每年夏天还可以去那里避暑呀，四月份去，八九月份回来。

大：哈哈，那就相当于元朝有两个都城了，就跟汉人的东都洛阳，西都长安差不多吧。

忽：对啦，记者你真聪明！好了，我还有事情要忙，就不陪你多聊了。

大（依依不舍）：好的，皇上再见！

广 告 铺

建立新都城的公告

　　我决定在上都的南方,再建一座宏伟的新城,作为元朝的都城,名字就叫"汗八里"(意思是"大汗之城")。这将是蒙古有史以来最伟大、最壮观、最漂亮的都城,请大家拭目以待吧!

忽必烈

　　(这座都城建成后,汉人将它称为"大都",即"伟大的都城",它就是今天的北京。)

不提倡诗文

　　汉人的儒家学说很好,我很喜欢。但是,我不喜欢汉人的诗文。那些诗人们,整天风花雪月、卖弄风雅,怎么修身,怎么为国家做贡献?因此,我希望大家尽量少学诗文,多读读儒家经典,或者戏剧也行。

忽必烈

　　(元朝统治者轻诗文,重经学,这也是元朝诗文成就不高的原因之一。)

发农具啦

　　前不久,忽必烈皇上命人打造了一大批农具,打算送给穷苦老百姓,大家快快前来领取吧!希望大家领回去后,好好种田,争取为元朝的农业多做贡献!

全国各衙门

第 8 期

【公元 1274 年—公元 1294 年】

忽必烈远征日本

穿越必读 ▶

除了南宋，忽必烈还想征服高丽（lí）、日本、缅国等国家。他曾经两次远征日本，但每次都因为遭遇台风而失败。因此，台风又被日本人称为"神风"。

元朝要和日本开战啦
——来自大都的快报

忽必烈刚刚称汗时,给高丽国王发过一封诏书,说:"到今天为止,普天之下没有臣服蒙古的,就只有你们和宋朝了。"高丽国王知道蒙古强大,乖乖地向蒙古俯首称臣。

之后,有个叫赵彝的高丽人告诉忽必烈,在东方的海上,有一个叫日本的岛国,那里有美丽的富士山和灿烂的樱花。

忽必烈听了,对日本产生了征服之心。他想:如果能让日本朝贡,那么就能够赢得汉人的赞赏。

然而,1268年,当他派人数次出使日本,要求日本向蒙古效忠时,却遭到日本天皇的拒绝。

这么小的一个国家居然敢如此怠慢蒙古帝国,忽必烈怒不可遏! 1274年十一月,他任命忻(xīn)都为元帅,联合高丽,发动约3万大军,分乘大大小小900艘战船,向日本进发了。

眼看,元朝和日本之间的一场大战,就要展开了!

来自大都的加密快报!

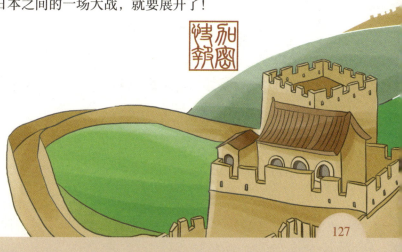

忽必烈远征日本，两次败给"神风"

元军气势汹汹，在日本一登陆，就一连打了好几场胜仗。眼看日军不堪一击，元军乘胜追击。

然而，一天傍晚，元军正把日军杀得狼狈逃窜时，突然停止了追击。

原来，高丽水手见天气发生了变化，怕海上刮起大风，船只会与岸边的岩石相撞而沉没，到时元军没法撤退，就劝蒙古将领先收兵上船，把船开到海上去。

命运，就在这时悄悄发生了变化。蒙古军没有想到，他们停泊战船的地方，竟然刚好是台风肆虐的海域。

当天晚上，一阵台风突然席卷过来，几百只战船被狂风、巨浪和礁石击成了碎片，船上的士兵差不多有一半掉进海中淹死了。忻都怕日军趁机偷袭，赶紧下令撤军，带着残余部队，连夜回了国。

第二天，日军战战兢兢地列好队，等着蒙古军来进攻，等了半天，却连蒙古军的影子也没见着。他们跑到海边一看，一片狼藉，蒙古军早已经被台风"刮"跑了。

第一次交锋，以元军的惨败而告终。

1279年，忽必烈征服南宋后，把注意力再次放到了日本。他再次派人去日本，要求日本效忠元朝。没想到日本却以这批使者是由间谍组成为由，把使臣全部杀了。

这个事件再一次激怒了忽必烈，他立刻命左丞相阿剌罕带领十万兵马，向日本发动进攻。

不过,阿剌罕年纪大了,不怎么想去。可是,皇上的命令又不能违背,他只好心不甘、情不愿地带着十万大军,浩浩荡荡地朝日本进发。

到了高丽后,他把军队驻扎下来,说要等个好天气再出发。没过几天,他就生了一场病,病死在军中。

忽必烈只好派阿塔海去代替他。谁知,军中一个叫范文虎的大将为了抢头功,阿剌罕一去世,他就立刻统领大军,杀向日本!

就在蒙古军准备登陆驻扎的时候,历史再一次重演。又一场强劲的台风刮了过来。一阵又一阵的巨浪拍过来,再次把战船打沉了。

这场台风一连刮了两天,蒙古军的损失更惨重,大部分士兵被淹死了,一些好不容易爬上岸的,也被日军杀的杀,抓的抓。

"看来这是天意呀!"忽必烈沮丧极了。他两次东征日本的计划,都被台风破坏了。换句话说,是台风两次救了日本。因此,日本人又将台风称为"神风"。

百姓茶馆

客栈掌柜大叔：最近，朝廷又忙着征讨安南国（越南的古称），耗费了不少人力、财力，但一直不见成效。不过，安南国也耗不起了，所以前不久派使者送来了一座金人，请求休战。

店小二：也该休战啦，这些年，我们打了多少仗，军队早就疲惫不堪了。打来打去，死了那么多人，到头来什么都没得到。

卖小吃的阿伯：也不是什么都没得到啦。上次攻打缅国，不就成功了吗？后来，缅国派人来投降，并答应每年给咱们元朝进贡。还有印度、暹（xiān）罗，以及南洋群岛的许多部落，都答应给咱们元朝纳贡啦。

某书生：唉，可是我们付出的代价也太大了，不管怎么说，都不划算啊。

乃颜造反，忽必烈御驾亲征

前不久，北部边境有个叫乃颜的蒙古王爷，不知道是不是闲得慌，竟然想起兵叛乱。忽必烈就让右丞相伯颜去打探消息。

伯颜用马车载了一大车皮毛衣物，朝乃颜的领地出发了。路上每到一个驿站，伯颜就送驿站官吏一些衣物。伯颜见到乃颜后，将忽必烈的意思说了一下。

乃颜表面上摆了一桌宴席款待他，背地里却下令将伯颜一伙人抓起来。伯颜一看形势不对，就和随从分几路冲了出来。

驿站的官吏由于收过伯颜的礼物，都热心地给他们提供马匹，帮助他们脱离了险境。回到大都后，伯颜将乃颜要造反的事实禀报给了忽必烈。

不久，乃颜果然领着十万大军，朝大都出发了。情况紧急，忽必烈决定亲自去应战。

大臣们劝他说："一个小小的乃颜，陛下只要派几个大将，就能把他活捉回来！"

忽必烈却说："不行，乃颜叛乱不是一件小事情，我不能不去！"

于是，忽必烈领着大批元军，气势汹汹地出发了。两军路上相遇，眼看着一场大战在所难免。

真无聊啊，造个反好了。

然而，就在开战的一瞬间，紧张的气氛一下子就缓和下来了，双方将士纷纷丢下武器，相互寒暄了起来。原来，元军中有很多将士曾经是乃颜的部下，还有人和那边沾亲带故。碰到这样的情况，仗还打得起来么？

相持了半天，没分出个胜负来，两军只好中场休息。

这时，大将李庭给忽必烈献上一计。忽必烈听了，大喜，马上依计而行，每天都在帐中饮酒作乐，看起来十分悠闲自得。

乃颜听说之后，疑心顿起："难道他们要在这里安营扎寨，等援军不成？"于是命令将士们偷偷撤退。将士们得到消息，马上忙作一团，收拾行装，准备走人。

这时，李庭领着十几个敢死队成员，悄悄溜进他们的阵地，点燃炮火。乃颜的将士们正要撤退，不料有炮火射了进来，他们不知道发生了什么事，一个个吓得抱头鼠窜。

第二天一清早，忽必烈就向乃颜发动进攻，把乃颜的十万大军打得溃不成军，还把乃颜活捉了。

平定叛乱后，忽必烈处死了乃颜，使元朝的江山得到了巩固。

一斗米换一斗珍珠

宋朝之前,人们买卖商品用的都是铜钱,到了宋朝,随着商业越来越发达,四川的十六个大商人便联合起来,印出了一种叫"交子"的纸币。

忽必烈见纸币携带方便,算起账来也很容易,而且纸币的成本比铜钱低多了,因此,1260年,他登上汗位后,便发行了"中统元宝钞",并下令全国统一使用这种钞票。

纸币的使用,促进了经济的发展。然而,掌管财政的大臣非常腐败,总是把值钱的东西往自己家里搬,导致国库空虚,经济也出现了危机。为了填补空缺,他们只好拼命地印制"中统元宝钞"。而且,蒙古很多贵族都有印纸币的权利。这样一来,"中统元宝钞"满天飞,很快就贬值了。以前一块钱可以买到的货品,现在得花上两三块钱,甚至更多,才能买得到。

朝廷一看坏事了,急忙想办法补救。他们不知道,经济危机是随意印纸币造成的,以为只要换一种货币就能解决问题。1287年,朝廷废弃了"中统元宝钞",改印"至元宝钞",也就是"变钞"。

谁知"至元宝钞"印出后没过多久,竟然比"中统元宝钞"还不值钱了。全国物价猛涨,老百姓连粮食也买不起了。在很多地方,一斗米竟然可以换一斗珍珠。

全国陷入了一片大混乱,饥民随处可见,露宿街头的流浪者也一下子多了起来。

用钞票量刑合适吗

编辑老师：

　　你们好，我叫赵孟頫(fǔ)，是元朝的一位大臣。前不久，国家进行了"变钞"，皇上（元世祖）把我们召过去，讨论怎样用新钞量刑。

　　大家都认为，贪污新钞满200贯的人，统统要判处死刑。可我不同意，就说："用钞票作为判断人命的依据，这种方法根本就不妥当。你们看看'中统元宝钞'，经过一段时间，它就贬值了。所以，用纸币来量刑，还不如用绢量刑来得可靠。"

　　可是，一位老臣却站出来指责我，说："朝廷现在要发行'至元宝钞'，你偏偏说它不可以用来量刑。以你的意思，这新钞就不该发行了？"

　　我就说："刑法关系到人民的性命，而纸钞很可能有贬值的一天。用这种不实在的东西来衡量人的生命，这不是在开玩笑吗？你自己不讲道理也就算了，还不许别人讲道理吗？"

　　那位大臣听了，就不说话了。各位编辑老师，你们认为呢，用钞票量刑合适吗？

赵孟頫

赵大人：

　　您好！我们一致同意您的观点——不能用钞票来量刑。至于理由嘛，您在来信里面已经讲得很清楚了，我们编辑就不献丑啦。最后，祝您身体健康，官运亨通！

八卦驿站

赵孟頫与妻子管道昇

赵孟頫既是我国著名的书法家,同时也是个了不起的画家。才华横溢的他深受皇帝器重,要风得风,要雨得雨,日子过得春风得意。

而且,赵孟頫还有一个温柔贤惠的妻子,名叫管道昇。这个管道昇可不是一般人,她和赵孟頫一样,也是我国有名的书法家、画家。

不过,他们结婚几十年后,赵孟頫看到许多达官贵人都有三妻四妾,心也痒痒了,也想娶个小老婆回来。

他的想法,很快就被妻子管道昇看出来了。

管道昇冰雪聪明,她既不吵闹,也不当面直说,而是作了一首《我侬词》,放在赵孟頫的书桌上。

《我侬词》通篇是这样的:……把一块泥,捻一个你,塑一个我。将咱两个,一齐打破,用水调和。再捻一个你,再塑一个我。我泥中有你,你泥中有我……

这首词用泥人打比方,说明夫妻像泥一样和在一起,再也分不出你我。管道昇的意思再明白不过了,就是劝赵孟頫念在他们夫妻情深的份上,不要再作纳妾的打算。

果然,看到这首诗以后,赵孟頫十分惭愧,从此对管道昇一心一意,两人恩爱到老。

我很爱我老婆!

名人有约

大嘴记者

特约嘉宾：郭守敬

身份：天文学家、水利专家、数学家

大：大嘴记者　郭：郭守敬

大：欢迎光临！采访您备感亲切呀！

郭：哈哈，有什么问题就尽管问好了。

大：嗯，听说您十五六岁就鼓捣出一个很精确的计时器，是吗？

郭：是的。它是我按照北宋的"莲花漏"（跟沙漏的原理相同，只不过是用水计时的）图制造的。当时，莲花漏的制作方法已经失传了，很多人拿着这幅图，研究了好几年都没有结果。不过，我只看了几天，就把它做出来了。现在，它已经成了皇宫里专用的计时器，叫"七宝竹漏"。

大：不错呀！据说二十岁的时候，您又做了件令人震惊的事，是吗？

郭（冥思苦想）：我想起来了！当时，我老家邢台县北郊有座石桥，在宋元战争中塌陷了。大伙儿想找到桥基重新建桥，可找来找去，怎么也找不到。我跑到河边考察了一下，再算一算，一下就算准了桥基的位置。

大：真有您的！我们知道您后来又有了大的动静。忽必烈亲自请您去修水利、开运河了，对吧？

郭（两眼放光）：说起水利，我祖父可在行啦！我受到他的熏陶，也学了很多这方面的知识。皇上统一北方后，想整治北方的水利，就来找

我。我跟他说了六条治水措施,他很满意,便派我去了。

大: 把北方的水利修好以后呢?

郭: 我又被派到西夏一带整治水利去啦。西夏的工程结束后,为了加强大都到江南的交通运输,皇上又派我去修运河。我先是挖通了"京杭运河",可是,京杭运河只到河北通州就断了。于是,我又新开了一条从大都到通州的运河。皇上高兴极了,亲自给它取名为"通惠河"。有了通惠河,从大都到江南就畅通无阻了。

大: 妙!不过您还有更了不起的成就没亮出来,快亮给大伙儿瞧瞧吧。

郭: 赶忙从怀里掏出一本《授时历》,将封面对准观众席。

大: 这是什么呀?名字怪怪的。

郭: 它是一本非常精确的历法,算出了一年有365.2425天(和地球公转的时间只差26秒)。

大: 哇,精确到小数点后4位了!

郭: 是的。为了编好这本历法,我设计了一种比浑天仪(一种观测天文的仪器)更简单、更精确的简仪,还在全国设了27个测点,最北点设在铁勒(今西伯利亚的叶尼塞河流域),最南设在南海(今西沙群岛),并派出14个官员到各地观测、记录。然后,根据观测得到的数据,我花了两年时间,才把这本《授时历》编出来。

大: 真是辛苦您了!好了,采访要结束了,再见!

广告铺

元世祖的对外政策

我们元朝的对外政策主要有六条：一、国君要亲自来朝见；二、国君的儿子要送来作人质；三、把全国的户口册交上来；四、派壮丁来元朝服兵役；五、要向元朝交税；六、元朝派官员监督你们的国政。

凡是向元朝称臣的国家，都必须遵守以上六条。谁敢违反，我一定出兵征讨！

金莲川幕府

悔过书

为了保证牲口的繁衍，我国法律规定，不许宰杀羊羔、母羊和马驹。可是前几天，我违背了法令，杀了一只小羊羔，结果被人举报了。我已经受到了惩罚，希望大家不要学我。

牧羊人小甲

立储诏书

我的大儿子已死，二儿子真金太子又不幸病逝，我的心中一直十分悲痛，也没有心思再立太子。可是现在，我已经老了，所以决定立真金的长子——铁穆耳为皇太孙。特此昭告天下。

忽必烈

第 ⑨ 期

〖公元 1294 年—公元 1320 年〗

元仁宗坐拥"世界之都"

穿越必读 ▶

元世祖忽必烈死后,元成宗、元武宗、元仁宗先后即位。经过四代皇帝五十多年的治理,到仁宗时期,元朝的国力已经达到鼎盛。元朝的都城——大都则成了伟大的"世界之都"。

铁穆耳得到传国玉玺
——来自上都的快报

公元1294年,元世祖忽必烈去世。皇太孙铁穆耳得到消息后,立刻从和林赶了回来,准备继承皇位。

走到半路上,铁穆耳遇到了前来接驾的张九思。张九思向他献上了一枚传国玉玺。不过,这可不是忽必烈用的那枚玉玺,而是中原皇帝代代相传的玉玺。那它是怎么出现的呢?

原来,前不久,有个没落贵族家的女人在市场上卖玉玺。大臣崔彧(yù)知道后,就买了回来。他找来另一个大臣杨恒文,叫他辨认玉玺上的刻文。杨恒文仔细看了看,说:"这上面写的是'受命于天,既寿永昌'八个字"。

崔彧听了大吃一惊,说:"这恐怕是秦朝流传下来的玉玺啊!"

大臣们知道后,纷纷说:"玉玺在这时候出现,说明是上天赐给皇太孙的呀。"

于是,张九思捧着这枚玉玺,带了几百个士兵,前去迎接皇太孙铁穆耳。铁穆耳回到上都后,立刻举行了登基仪式(史称元成宗),并大赦天下。

来自上都的加密快报!

最正直的大臣不忽木

元成宗刚刚即位时,非常喜欢西蕃僧人。这些西僧仗着有皇帝在背后撑腰,总是胡作非为。每次做佛事,他们都请求成宗释放一些囚犯,说这样可以祈福。

于是,很多囚犯的家属纷纷贿赂他们,让他们想办法把囚犯放出来。甚至一些奴仆,杀了自己的主人,也跑来贿赂西僧。总之,不管你犯了多大的罪,只要你找这些西僧帮忙,就没有搞不定的事情。

有个叫不忽木的大臣知道西蕃僧人的勾当后,就对成宗说:"自古以来,惩恶扬善是政治的根本。可是现在,只凭西僧的一句话,那些犯了错的人就不用受到惩罚,真是怪事!"

这个不忽木出了名的正直,他常常直言进谏,就连皇帝都有点儿怕他。

成宗听了,先把丞相完泽叫来,责怪了一顿:"我早就跟你说过,这件事不能让不忽木知道。你看,他现在跑过

有西僧可以贿赂,我们囚犯都不怕。

来说我了！"接着，又派人告诉不忽木，说："你别再说了，我听你的。"

可实际上，成宗依然纵容着那些西僧。没多久，有个奴隶把主人告了，主人伏法后，家产全部归了奴隶。

不忽木听说了这件事情，急匆匆地赶到皇宫，对成宗说："奴隶取代主人，实在是败坏风俗啊！这样下去，大臣和君王都没有上下之分了，请陛下收回成命吧。"

成宗想了想，也有点儿后怕，就把这条法令取消了。

从那以后，成宗对不忽木越来越信任。完泽心里很不舒服，于是怂恿成宗把不忽木调到陕西去。成宗可能也觉得不忽木太烦了点儿，就答应了。

太后知道后，赶紧把成宗叫来，说："不忽木是朝廷中最正直的大臣。当年，他接受先皇的嘱托，辅佐你治理天下，你怎么能把他调走呢？"

成宗听了，只好把不忽木留了下来。

奴隶取代主人，实在是败坏风俗啊！

大胆秃剌，竟敢对皇帝无礼

> 我心胸这么开阔也受不了秃剌了！！

如果一个大臣，仗着自己曾经立下功劳，就敢对皇帝无礼，那他一定是活腻了。秃剌就是这样一个人。

元成宗死后，他的皇后卜鲁罕想立元成宗的堂弟——安西王阿难答为帝。不过，成宗的侄儿海山（元武宗）半路杀了出来，不但把皇位抢走了，还杀了卜鲁罕与阿难答。

在逮捕皇后党羽的时候，丞相阿忽台拒捕。关键时刻，贵族秃剌使了个扫堂腿，将阿忽台绊倒，并亲自把他捆起来，交给了武宗。武宗一高兴，将秃剌封为越王。

从那以后，秃剌认为自己立下了天大的功劳，每天在王宫里大摇大摆地进进出出，好像王宫是他家似的。遇到元武宗，他也不称"陛下""微臣"，而是直接说"你""我"。还好武宗心胸宽广，不跟他计较。

后来，这个秃剌越来越放肆，他一看到武宗，就说："你能当皇帝，多亏有我在。如果没有我，今天当皇帝的就是阿难答，哪个会来奉承你呢？"

武宗脾气再好，肺也快气炸了，就对身边的人说："秃剌这么无礼，我还能容他吗？"

那些人早就看秃剌不顺眼了，便怂恿武宗把秃剌抓起来。

没想到，秃剌被抓起来后，对着审讯官又是咆哮，又是大骂，搞得审讯官十分恼火，一气之下就判了他个谋反的罪名，把他砍了。

百姓茶馆

农民小六子： 听说前不久，一个叫龚柯的西僧在路上遇到一个王妃，竟然叫王妃给他让路。王妃不让，他就把她从车上拖下来，暴打了一顿。这实在是太令人震惊了！不知道皇上（元武宗）会怎么惩罚这个西僧呢？

酒店老板： 皇上才不会惩罚西僧呢，他和成宗一样纵容西僧。听说，有人把这件事上奏给皇上后，皇上下了一封诏书，说谁敢殴打西僧，就砍断他的双手；谁敢谩骂西僧，就割掉他的舌头！还好皇太子劝阻，皇上才把诏书收了回去。

农民甲： 前段时间，有个僧人跑到我家来强买柴草，我不卖，把他告到了上都留守李璧那儿。谁知，那个僧人居然带着徒弟和同党，拿着木棍，闯进公堂，不分青红皂白，揪住李璧的头发，把他打得头破血流。李璧告到皇帝那里，结果武宗只是把那个僧人关了两天，就放了。唉！

某侠士： 唉，皇上今天修庙，明天布施，还让西僧做了大官。听说，太后也建了一座兴圣宫，经常把那些西僧请来做佛事。现在，西僧真是越来越嚣张啦！

想让自己的儿子继承皇位

编辑老师：

  你们好，我是当今皇帝（元仁宗）。因为曾经拥立哥哥海山为帝，哥哥就封我做了皇太子。我们约定好，我死后，要将皇位传给他的儿子和世㻋(là)。

  我继位后，整顿朝纲，恢复科举，平定西北叛乱，把天下治理得井井有条。一想到这大好江山，就要被交到侄子手中，我真是很舍不得！更何况，我自己的儿子硕德八剌有勇有谋，能忍能让，实在是当皇帝的好材料啊！

  现在我真的是很纠结啊，不知道把皇位传给儿子好呢，还是侄子好？编辑能给我想个两全的办法吗？

爱育黎拔力八达

皇上：

  您好！听说，右丞相铁木迭儿早就建议您立自己的儿子为太子了，这都过去一年了，您还没拿定主意吗？

  昨天，有个记者偶然听到铁木迭儿与另一个大臣失列门的谈话。失列门说，您之所以不立自己的儿子，是因为和世㻋就在京城，而且又没有犯什么大错，所以不好办。其实，只要把和世㻋调走，您就可以放心地立自己的儿子为太子啦！

  我们相信，铁木迭儿很快就会把这个办法告诉您，到时候，您按照他说的去做就行了。

报社编辑

  （不久，元仁宗果然将和世㻋封为周王，让他去了云南，然后立硕德八剌为太子。）

黄道婆"衣被天下"

提起全国有名的"纺织中心"——松江府的乌泥泾（jīng）镇（今天的上海华泾镇），就不能不提起著名棉纺织革新家——黄道婆。

黄道婆原名叫黄婆，因为家中贫困，十二三岁就被卖给别人家做童养媳。婆家的人一天到晚把她当仆人使唤，丈夫也动不动就骂她、打她。黄道婆白天要下地锄草，晚上还要织布到深夜。

有一次，因为一件芝麻大的事儿，丈夫又将黄道婆毒打了一顿，然后把她关在一间黑屋子里，饭都不给她吃。

黄道婆忍无可忍，就将房顶掏了个洞，爬了出去。她跑啊跑，跑到一条大河边，看见河边停着一艘大船，就悄悄地躲进船舱里，随船到了离家乡五六千里远的崖州（今海南三亚）。

崖州的黎族妇女善于纺纱织布。她们织出来的棉织物不但品种繁多，而且织工精美，质量上乘，光"贡品"就有二十多种。

黄道婆住下来后，就跟她们学习织布，心灵手巧的她把黎族和汉族的纺织工艺结合起来，很快成了当地的纺织能手。

在崖州的二十多年里，黄道婆与黎族人结下了深厚的友谊，但她越来越想念自己的家乡。终于有一天，她乘着一艘大船，又回到了乌泥泾镇，这时，南宋已经灭亡了。

元朝统治者对汉人很苛刻，每年都要江南的百姓交大量的布匹、丝绸。可是，当地的纺织技术并不是很发达，老百姓交不出来，怎么办呢？

新闻广场

黄道婆把自己从黎族人那儿学来的纺织技术，毫无保留地传给了父老乡亲们。她还通过研究，发明和改进了很多纺织工具。比如，她发明的"搅车"，可以轻轻松松地把棉花中的棉籽去掉；她做的大弓，可以把棉花弹得松松软软；她还把手摇式的纺车改成了脚踏式的，并在上面装了三个纱锭。以前，一辆纺车上只有一个纱锭，每次只能纺出一根纱线，而现在，一次就能纺出三根纱线，这大大提高了纺织的效率。

过去，乌泥泾镇是个穷得叮当响的地方，可自从黄道婆带来先进的纺织技术后，乌泥泾镇一下子就成了全国有名的"纺织中心"，赢得了"衣被天下"的美誉。如今，镇上从事纺织业的家庭，多达一千户。

胡长孺巧辨偷衣人

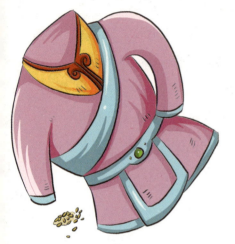

　　胡长孺是浙江宁海县的主簿,他惩恶扬善,为百姓做了不少好事。更难得的是,他断案如神,许多死案、无头案,他都能想办法查得一清二楚。

　　这天,胡长孺带着几个衙役出去巡查,走着走着,就来到了附近的浮屠庵。庵中香火旺盛,来往的香客十分拥挤。

　　不一会儿,来了五六个上香的老妇人。其中有个打扮得比较华贵的老妇人,觉得天太热,就将外套脱了下来,放在自己跪拜的垫子旁边。随后,她闭上眼睛,诚心地祷告起来。

　　祷告完后,大家正准备出去。这时,老妇人突然发现衣服不见了。她问遍了一同来的人,大家都说没看见。

　　老妇人就向胡长孺报了案。胡长孺经过一番询问后,知道这段时间里,除了这几个老妇人,并没有外人进来,就让衙役给这些老太太每人发了一把小麦的种子,煞有介事地说:"我刚才向佛祖禀明了情况,你们现在用双手捧着这些种子,绕佛像走几圈,拿了衣服的那个人,手中的麦子马上就会发芽。"

　　于是,几个人绕着佛像走了起来。其中有个老妇人走走停停,老盯着自己手中的麦粒看。胡长孺在一旁瞧见了,就将这名老妇人揪了出来,说:"偷走衣服的人就是你!"

　　老妇人见事情败露,只好乖乖地把衣服交了出来。

张养浩与"四知堂"

张养浩是我国知名的散曲家,他不但擅长诗文,而且为官清廉。张养浩非常仰慕后汉的清官杨震。

有这么一个故事:杨震去东莱任太守的途中,遇到了他曾经举荐过的王密。

为感谢杨震的恩情,王密悄悄揣了十锭黄金,趁夜拜访杨震。杨震生气地拒绝说:"你难道不知道我的为人吗?"

王密答道:"夜深人静,不会有人知道的,您就收下吧!"

杨震义正词严地说:"天知、地知、我知、你知,怎么说没人知道呢?"

听了这个故事后,张养浩感悟很深,一上任就在家中挂了一块"四知堂"的匾额,把那些前来送礼的人都给打发了。

当地有一个规矩:凡是偷过东西的人,每逢初一、十五,都要到县衙参拜。

张养浩废除了这个规矩,说:"这些'盗贼',实际上都是良民,被生活所迫才去偷盗的。如果仍然将他们看做'盗贼',就等于毁掉了他们改过自新的机会。"

"盗贼"们听了这番话,都十分感动,并相互告诫说:"我们可不能辜负了张县令的恩德呀!"

当然,对于真正的坏人,张养浩是绝不纵容的。堂邑(yì)县有个叫李虎的人,杀人放火,无恶不作,过去没哪个县令敢得罪他。张养浩一上任,就把李虎依法惩办了。

老百姓对他的这种做法都拍手称快,为了感谢他,在他离开堂邑县十年后,还为他立了一块碑,纪念他的功德呢。

名人有约

身份：元仁宗

大：大嘴记者　爱：爱育黎拔力八达

大：您好！欢迎来到《名人有约》。
爱：记者好！

大：听说您恢复了科举考试，这可真是咱们汉人的福音呀！
爱：自从隋朝以来，中国就一直很重视科举，我们元朝也要顺应时代的发展嘛。再说了，凡是有德行的人才，我一个也不想遗漏。

大：皇上英明！听您说了这么几句，我发现您的汉语学得特别棒呢！
爱：我别无选择。

大：哦……原来是这样。我听说，您还会设计服装，是真的吗？
爱：哈哈，那是因为我从小就拜儒士李孟为师，跟他学习汉文化。不过，到现在为止，我的水平都不及他的一个手指头呀！

大：别谦虚啦！我知道您最近在读《贞观政要》和《资治通鉴》，没水平能读懂吗？
爱：这两本书是要翻译成蒙文，供蒙古官员学习的，所以怎么样也要自己先看一遍呀。

大：想不到除了世祖，您也这么看重汉文化。难怪您身边有那么多汉族大臣呢!

爱:是啊,像陈颢(hào)、赵孟頫、王约,这些大臣都是汉人,他们非常优秀,我也很器重他们。

大:赵孟頫我知道,上期他还给我们报社来信了。

爱:他是个难得的人才呀。我封他为一品官员,允许他在宫里自由进出。他妻子也经常与皇妃们来往。还有他的儿子赵雍,跟他父母一样,书法、绘画样样精通。我把他们一家三口的作品都搜集起来,交给太监好好保管。我想,如果后人知道元朝出了这么个了不起的"书法之家",一定会啧啧称奇的!

大:嗯嗯,是的!不过,最值得您骄傲的,还是咱们的大都吧。听说,它已经成为"世界之都"了!

爱(精神一振):没错!自从击败进犯西北边界的察合台可汗也先不花,元朝就成了蒙古汗国唯一的宗主,大都也成了"世界之都"。

大:您果真是雄才大略呀!

爱(突然忧愁起来):其实,很多事情没有我们看到的那么美好!

大:哦?

爱:也许你还不知道,直到现在,朝廷都不是我一个人做主,很多事情都是我母后(皇太后答己)说了算。

大(惊讶):啊?

爱:不止这样,有些大臣也不听我的安排呢!像铁木迭儿,他既是我母后的亲信,又是右丞相,他们拉帮结派,专门跟我的老师李孟、张珪(guī)、拜住对着干。

大:看来您需要做的事情还很多啊,那我就不打扰您了,再见!

爱:好的,再见!

广告铺

求马致远的作品全集

"枯藤老树昏鸦，小桥流水人家，古道西风瘦马。夕阳西下，断肠人在天涯。"在落叶凋零的秋天，一位游子骑着一匹老马，孤零零地走在路上……

马致远的这首《天净沙·秋思》写得真是太精彩了。我也因此喜欢上了这位大戏剧家。不知道谁有马致远的作品全集，我愿意花高价购买。

戏剧发烧友

看戏请到"红牡丹"戏园子

著名戏曲家王实甫的《西厢记》就要在"红牡丹"戏园子上演啦！

《西厢记》讲述了一个美丽动人的爱情故事：崔宰相的女儿崔莺莺，遇到了才华横溢的穷书生张生。他们虽然门不当、户不对，可在红娘的帮助下，他们终于在一起了。

《西厢记》突破传统，大胆歌颂了儿女情深，反对封建礼教，深受大伙儿的欢迎。热爱戏剧的朋友，可千万不要错过哦。

"红牡丹"戏园子

智者第❸关

1. 《农桑辑要》是哪个皇帝命人编的？
2. 元朝的都城在哪里？
3. 铁穆耳和忽必烈是什么关系？
4. 忽必烈是个喜欢杀俘虏的皇帝吗？
5. 马可·波罗来自欧洲的什么地方？
6. 《马可·波罗游记》是马可·波罗写的吗？
7. 元世祖两次远征日本，为什么都失败了？
8. 一斗米换一斗珍珠，这种事情有可能发生吗？
9. 由元代大科学家郭守敬编写的一套既早，又比较完整的历法是什么？
10. 元成宗、元武宗都很纵容西僧吗？
11. 元仁宗最后将皇位传给了谁，侄儿还是自己的儿子？
12. 元仁宗恢复了科举制度吗？
13. 马致远被称为"秋思之祖"，他的代表作是什么？
14. 元朝初期著名的女纺织家是谁？

第 ⑩ 期

〖公元 1320 年—公元 1328 年〗

除奸与崇佛

穿越必读

元英宗继位后，任用贤臣拜住，铲除了权臣铁木迭儿的势力。英宗在南坡之变中遇害后，元泰定帝继位。泰定帝崇尚佛教，大肆修建寺庙，施舍僧人，还妄想通过僧人的祈祷，来消除天灾。

孙子不买奶奶的账
——来自大都的快报

1320年,元仁宗的儿子硕德八剌继承了皇位(史称元英宗)。元英宗是个很有主见的人,他不满奶奶——太皇太后答己干涉朝政,早在没有正式登基之前,就与她展开了交锋。

宫中有个大臣叫乞失监,因买卖官爵,被刑部判处杖刑。答己却出面干预,让刑部把杖刑改为笞刑。如果是杖刑,乞失监最少要挨67板子,最多要挨107板子。但如果是笞刑,乞失监最少只挨7鞭,最多挨57鞭。

英宗知道这件事后,就对答己说:"法律面前,人人平等。如果像您这样,随便更改刑罚,那就不能在天下人面前树立威信了。"英宗下令对乞失监执行杖刑。

没过几天,答己想撤掉一批官员,提拔另一批官员。

英宗又投了反对票:"现在还不是时候,等我正式继位后,德才兼备的人自然会得到任用;人品差、没有能耐的,都会被撤掉。"

孙子不买账,答己气不打一处来,只能恨恨地说:"气死我了,真不该养这个孙子!"

来自大都的加密快报!

亦列失八造反，拜住救驾

仁宗在位时，铁木迭儿仗着有太皇太后撑腰，在朝中为所欲为。英宗继位后，将铁木迭儿升为上柱国太师，铁木迭儿更加得意忘形。

这年五月，英宗要去上都，铁木迭儿也跟着一起去。上都的留守贺巴彦得罪过铁木迭儿，因此，铁木迭儿故意将英宗到达的日子往后说了一天。

结果，贺巴延还没准备好，英宗就到了。于是，贺巴彦被加了个"怠慢皇帝"的罪名，关了起来，没多久，就被铁木迭儿弄死了。

侍候太皇太后的老妇人亦列失八跟铁木迭儿说："太皇太后要做的事情，皇上多半不答应，你身居高位，应该为太皇太后分忧……"说完，她就劝铁木迭儿和自己联合起来，一同对付英宗。

铁木迭儿却连连摇头说："我不敢参与，但可以保守秘密。"

"好，如果事情成功，也算上你一份功劳。"亦列失八说。

于是，亦列失八勾结她的儿子左丞相黑驴等人，打算等英宗去太庙祭祖的时候，派人行刺。

不过，天下没有不透风的墙，这事不巧被拜住发现了。

天下风云

拜住是元朝大将木华黎的后代，他做事认真，不贪图权势，英宗对他一向都很赏识，令他密访奸党。

拜住知道这个事情后，赶紧将情况向英宗报告："事不宜迟，我们得尽快下手！不然，奸党发现事情败露，起兵造反，那就糟了。"

英宗点头道："好吧，这事就交给你了！"

拜住领到圣旨，马上召集了上千名卫士，一天之内，就将亦列失八、黑驴、失列门等人捉拿归案。

英宗担心太皇太后出来求情，就对拜住说："杀了他们吧，免得被太皇太后知道了，出来求情，我反而难办。"

就这样，亦列失八等人被推出宫门斩首示众。

我们必须尽快下手！

奸臣铁木迭儿的末日

亦列失八等人的阴谋失败了，都被砍掉了脑袋，可铁木迭儿却置身事外，不仅没有受到牵连，还得到了丰厚的奖赏。

为了讨好英宗，铁木迭儿又使出了对仁宗使过的招数。当年，仁宗在位时，曾经听从铁木迭儿的建议，将和世㻋调到云南，立自己的儿子硕德八剌为太子。后来，云南爆发动乱，和世㻋又被赶到了漠北。

不过，和世㻋的弟弟图帖睦尔还在大都，铁木迭儿认为他是一个威胁，就把中政使咬住找来，商量这件事。

咬住说："放心吧，只要您一句话，我马上叫他滚得远远的。"

铁木迭儿听了，就高兴地回去等好消息。不久，英宗果然发下命令，把图帖睦尔调到了南海琼州。

见事情这么快就成了，铁木迭儿便想进一步谋取权势。于是，他举荐参知政事张思明做了左丞相，随后，又准备和张思明一起陷害拜住。谁知，拜住察觉后，事事小心谨慎，让他们抓不到把柄。

于是，铁木迭儿又找了一堆借口，请求英宗杀掉平章王毅、右丞相高昉（fǎng）。

英宗拿不定主意，就找拜住商量。拜住给英宗分析了一番，英宗听了，觉得这两人不该杀，就没有批准。铁木迭儿很郁闷，于是请了个病假，一连好几天没有上朝。

过了一段时间，拜住回范阳老家办事去了，铁木迭儿才回到宫中。他

刚刚走到内门,英宗就派人给他赐了一杯酒,大声说:"你年纪大了,还是继续在家歇着吧!"

铁木迭儿听了,只好讪讪地回去了。

这时,朝中的奸臣特别多,他们一有事要商量,就跑到铁木迭儿家去。铁木迭儿一直想陷害拜住,但是都没有成功。由于心情不好,几年后,他就病倒了。祸不单行,他的左膀右臂张思明被拜住告了一状,撤了职。铁木迭儿受到不小的打击,病情陡然加重,很快就死了。

不久,就有大臣向英宗上奏,说铁木迭儿恶贯满盈,应该撤掉他的官职,抄他的家。

英宗忙问拜住该怎么办。拜住说:"没错,就按他们说的办!"

于是,英宗下令撤销了铁木迭儿的封赠,并派人在他家里抄出了大量金银玉帛。从此,铁木迭儿的余党们过上了提心吊胆的生活。

佛祖能抵挡天灾吗

铁木迭儿死后,他的义子铁失、儿子锁南对英宗和拜住怀恨在心。

1323年,英宗从上都回来,暂时住在南坡。这天晚上,英宗和拜住正在行帐里谈话,突然,铁失率领一群刺客闯了进来,见人就杀,英宗和拜住都惨遭毒手(史称"南坡之变")。

英宗死后,晋王也孙铁木儿当上了皇帝(史称元泰定帝)。他刚一登基,就把刺杀英宗的那些人都揪了出来,清理得干干净净。

辽王脱脱趁泰定帝刚上任,没有颁布大赦的诏书,私自杀害了仇家上百口人,还把仇家的财产一抢而空。

平章政事张珪得到消息后,义愤填膺,立刻写了一本奏章,要求严惩脱脱。泰定帝却不耐烦地说:"我还有很多事要处理,改天再说吧!"

过了几天,见泰定帝仍没什么动静,张珪只好再次进谏,说:"皇上刚刚继位,应当不怕困难,该做的事情就放手去做!"

泰定帝摆摆手,说:"等我忙完后,自然会去做的。"

张珪无可奈何,只好退了出来。

过了一段时间,很多地方发生了天灾,御史言官秃忽鲁、纽泽以天象警告为借口,请求辞职。随后,丞相旭迈杰、倒剌沙也陆续要求离职。

泰定帝一律没有批准,还恼火地说:"大家怎么搞的,一有灾难就要跑。你们走了,谁来管理国家大事?"

因为上次的事,张珪一直很气愤,也想告老还乡,但泰定帝没有允许,只让他回西山休养。不久，他在家里突然去世了。

张珪死后，泰定帝身旁便少了一位敢直言进谏的大臣。于是，泰定帝干脆连朝都不上了，一心一意地信起佛来。他整天忙着做佛事，修寺院，忙得不亦乐乎，同时也耗费了大量的金钱。

面对频繁的自然灾害，泰定帝完全没有应对的方法，大臣们也都慌作一团。最后，大家只好请求"万能"的西僧出面，替他们消灾。

西僧说："除了祈祷，我也没有别的办法。"

"你说怎么着，就怎么着吧！"泰定帝总算找到了一根救命稻草。于是，他又给西僧拨了一大笔钱。

泰定帝还派出一批官员，到全国各地的名山大川祭祀鬼神，结果，不但没有减轻各地的灾情，还加重了人民的负担。

佛祖显灵吧！！

人分四等，汉人受尽歧视

编辑老师：

你们好！我是一个普普通通的汉人。我写信给你们，主要是想表达一下自己的不满。

你们知道，中国土地宽广，生活着许许多多的民族。元朝统治者却把这些民族划分为四个等级。其中，蒙古人的等级最高；其次是色目人，也就是除蒙古族、汉族以外的其他民族，他们的眼珠不是黑的，所以被称为"色目人"；排在第三的是汉人；最低等的是南宋统治下的汉人，也就是"南蛮子"。

除了民族分等级，人与人之间也分了等级。现在，我们元朝大约有8000万人，朝廷按照职业的不同，将人分为十个等级：一官、二吏、三僧、四道、五医、六工、七匠、八民、九儒、十丐。

唉，我真不明白，大家都是中国人，元朝统治者为什么要将人分这么多等级呢，为什么要歧视我们汉人呢？

匿名

匿名者：

您好！对于您的提问，我们也不知道该怎么回答。确实，人与人应该是平等的，可是，这话就算我去跟皇帝讲，他也不会听。

不过，请您放心，元朝的统治不会长久的。他们这样欺压你们，迟早会有人站出来反抗！

百姓茶馆

读书人张千里：真好笑，以前我们读书人多吃香啊，中了科举的有官做，没中科举的，也非常受尊重啊。你看现在，我们的地位多么低，居然只比要饭的乞丐好那么一点点儿，唉！

读书人李小为：这也怪不得啊，统治者换了，成王败寇，落后就要挨打，这么简单的道理你都不懂呀？

教书王先生：是啊，为了防止我们汉人造反，每五家汉族人只能拥有一把菜刀，而这把菜刀还得放在蒙古人家里，要经过他们的同意，汉人才能生火做饭。生活在这个时代的汉人，真是太悲惨了。

张木工：你们知道为什么色目人的地位比汉人高吗？因为色目人曾经是蒙古人的盟友。

僧人甲：你们一定奇怪，我们僧人为什么可以排第三？哈哈，因为我们的后台是皇帝啊。皇帝为什么要给我们做后台呢？因为他们想得到佛祖保佑，统领江山万万年，这样自己不就可以永远享受荣华富贵了吗？

关汉卿与"千古奇冤"

关汉卿是我国著名的剧作家,他一生写了六十多个剧本,其中最有名的一个就是《感天动地窦娥冤》。

书中讲了这样一个故事:有一个叫窦天章的读书人,他才华横溢,却因为家境贫寒,没有盘缠进京赶考。于是,他向山阳县的蔡婆婆借了一笔钱。可是,窦天章又还不上这笔钱,只好把自己的女儿窦娥送给蔡婆婆做童养媳。

窦娥是个既勤劳,又善良的姑娘,蔡婆婆很喜欢她,一家人日子过得还算幸福。然而,窦娥十七岁时,蔡婆婆的儿子突然去世了,只剩下蔡婆婆和窦娥相依为命。

城外有个大夫,大家都叫他"赛卢医",有一次,他借了蔡婆婆二十两银子,到了还钱的时候,他不但不想还,还起了杀念。他把蔡婆婆骗到一片小树林,打算用绳子勒死她。幸亏这时,张驴儿父子路过这里,救出了蔡婆婆。

不过,张驴儿父子也不是什么好人,从那以后,他们就赖在蔡婆婆家不走了,还想霸占窦娥婆媳。窦娥誓死不从,张驴儿父子便准备了一杯毒药,想先毒死蔡婆婆,再霸占窦娥。不巧的是,张驴儿的父亲拿错了杯子,喝下毒药死了。

张驴儿强抢窦娥不成,却把自己的老爹毒死了,又气又恨,对窦娥说:"好你个窦娥,竟然毒死了我父亲,如果你不从我,我就去官府告你!"

窦娥厌恶地说:"是你自己毒死了你父亲,我才不怕呢!"

于是,张驴儿真的报了官。当地太守是个大昏官,他不分青红皂白,就把窦娥抓了起来,严刑拷打。窦娥受不了折磨,屈打成招。

在去刑场的路上,窦娥悲愤地喊道:"地啊,你不分好歹,怎么配做地!天啊,你冤枉好人,怎么配做天!"

在行刑前,窦娥还发了三个奇怪的誓言——她的头被砍下来后,血要溅到头顶飘舞的白布上;六月的天气,会下起鹅毛大雪;当地还要大旱三年。

窦娥死后,她的誓言竟然全都实现了。

几年后,窦娥的父亲窦天章回来了。这时,他已经当上了大官。他派人重新调查这个案子,窦娥的冤情终于得以昭雪。

编辑评说

《感天动地窦娥冤》被人们称为"千古奇冤",它揭露了社会的黑暗,情节感天动地,令人无法忘怀。

笑话也能治病

朱丹溪是我国著名的医学家，听说，他不但能用药物治病，还能用笑话治病呢。说到这儿，很多人开始怀疑，笑话也能治病，这不是开玩笑么？别急，听了下面这个故事你就知道了。

有一个书生，自从失去妻子后，就一直不说话，不说话也就算了，居然连饭也不吃了，一连饿了好几天，眼看就要出人命了。

家人急得团团转，就把大名鼎鼎的朱丹溪请来治病。朱丹溪给书生把了把脉，然后煞有介事地说："恭喜啊，你这可不是什么病，而是有喜了啊。"

朱丹溪话音刚落，书生哈哈大笑说："我看你是个十足的庸医，我一个堂堂男子汉，怎么会有喜？"

朱丹溪走后，书生每遇到一个人，就把这件事讲一遍，一边讲还一边哈哈大笑。没几天，书生的心情就好多了。心情一好，胃口也就好了。这时候，他才明白朱丹溪的用意，于是带着礼品，去朱丹溪家里登门拜谢。

名人有约

大嘴记者　　特约嘉宾：也孙铁木儿

身份：泰定帝

大：大嘴记者　也：也孙铁木儿

大：皇上——

也：阿弥陀佛——

大：皇上，听说，铁失在刺杀英宗之前，曾经派人通知您，说杀掉英宗后，就立您为皇帝，是吗？

也：是啊，不过，他想错了，我是绝不会跟他们狼狈为奸的！当时，我就把他派来的人捆了，打算押到上都，请英宗判决。可是，已经太迟了，这时英宗已经被他们害死啦！

大：可怜的英宗，只当了三年皇帝，死的时候才21岁。

也：阿弥陀佛——我会替他念经的。

大：皇上，我听说，每做一场佛事，您都给每个僧人赏一千锭银子。一场大的佛事，有上万的僧人，那就是千万锭银子。这可是一笔巨款啊！

也：应该的应该的，阿弥陀佛——

大：而且，西僧一做佛事，就依照惯例，请您释放囚犯，对吗？

也：没错，佛家以慈悲为怀嘛。

大：不知道您听过没有，那些西僧仗着您的宠爱，在京城里横行霸道，看到喜欢的珠宝、漂亮的女人，直接抢了就走。要是抢不到，他们就大声咆哮。京城里的百姓都怕他们。

也（淡定）：嗯，这事儿已经有大臣告诉我了，你就不必再说了。

大（无语）：听说您的第二个儿子刚出生没多久，您就让他受了戒？

也：是呀，这个儿子一出生，我就觉得他有佛祖保佑，所以就让他受戒了。还有我那些妃子们，我也让她们受戒了。最近我在考虑一个问题，我自己要不要受戒呢？

大：照这么下去，您肯定会受戒的。听说，为了拜佛，您连祭祖大礼都不去了？

也：世祖不也没去吗？我得向他学习。祭祖这种事情，让大臣去就行了。

大：皇上，您对佛祖这么诚心，可是，佛祖为什么不保佑元朝呢？您看，现在天灾不但没有减少，反而更多了。

也：不怕，我还有最后一个法宝。

大：啊？是什么？

也：哈哈，那就是改年号！现在的年号是"泰定"，我打算改成"致和"。致和致和，一团和气，这样天下就太平了。

大（欲哭无泪）：……

建八思巴殿的诏书

为了纪念伟大的帝师八思巴，从今天起，全国各个郡县都要建八思巴殿，至于规模嘛，一定要比孔庙的规模还大。特此昭告天下！

硕德八剌

皇帝受戒的诏书

我的儿子受戒了，我的妃子也受戒了，帝师告诉我，要想延年益寿，我也要受戒。我决定接受帝师的建议，选个吉日受戒，特此昭告天下。

泰定帝也孙铁木儿

（泰定帝受戒的当年，就生病死掉了）。

保护黄帝陵的法令

黄帝陵是我国非常古老的建筑，可是前段时间，轩辕庙西院的保生宫起火，一小部分文物被烧毁，我感到十分痛心。

从今天起，大家一定要严格保护好黄帝陵，禁止破坏黄帝陵的建筑，禁止在陵墓四周乱砍滥伐，禁止在附近打猎、捕鸟，任何人都不得骑马去陵前骚扰先人。

我还会派专人去看守、保护黄帝陵，谁敢违背，一定严惩不贷。

也孙铁木儿

第⑪期

〖公元 1328 年—公元 1344 年〗

宫廷大乱

泰定帝死后，为争夺皇位，元朝内乱不断，先是出现了一年"三个皇帝，四个年号"的局面，接着又是明宗被害，文宗退位后复位，整个宫廷一片混乱。

穿越必读

同一年，出现三个皇帝
——来自大都的快报

来自大都的加密快报！

公元1328年，泰定帝驾崩后，太子阿速吉八只有9岁，管不了事，丞相倒剌沙就把权力揽过来，当起了"代理皇帝"。

大臣们很不满，其中最不满的是燕帖木儿。燕帖木儿曾经受过武宗的恩惠，一心想辅佐武宗的二儿子——怀王图帖睦尔继承皇位。

这天，平章政事乌都伯剌奉泰定皇后的命令，正准备让百官把印章交上来，燕帖木儿率领一群人带刀闯了进来，愤愤地说："天下本来就是武宗的天下，现在，是时候还给他的儿子了。敢有乱来的，就是乱贼，立即处斩！"形势稳定之后，他就派人去江陵迎接怀王。

倒剌沙发现后，先下手为强，马上在上都将阿速吉八扶上皇位（史称天顺帝），改年号为天顺。

怀王进京后，本想将王位让给哥哥和世㻋，燕贴木儿说情况紧急，他这才迅速登基（史称元文宗），改年号为天历。

就这样，这一年，元朝出现了三个皇帝，四个年号，这是元朝历史上从来没有过的。

文宗"让德",明宗惨遭毒手

元文宗一即位,就派燕帖木儿去攻打上都,倒剌沙招架不住,只好投降,可还是被文宗杀掉了,小天顺帝也在战乱中失踪了。

一切处理妥当后,文宗跟燕贴木儿说:"上都平定,现在没有人作乱了,我想把帝位让给哥哥,你看如何?"

燕帖木儿说:"自古立君,一般都是立嫡、立长、立功。从立长的角度来说,你应该让给长兄;从立功的角度来说,你不妨继位。唐朝李世民喋血宫门,不也被人们称为贤君吗?"

文宗还是觉得不安:"我还是宁可让位给哥哥,他要是不接受,再说。"

1329年,文宗派撒迪等人赶到漠北,去迎接周王和世㻋,准备将皇位交给他,并说:"周王您有德有能,又是兄长,这个皇帝应当由您来当。所以我奉命前来迎接您。"

天上降下个皇位来,和世㻋(元明宗)一口答应,立刻在和宁(和林)称帝,立文宗为皇太弟。

没多久,明宗来到京师。兄弟相见,格外欢喜。为庆祝自己登基,明宗大设宴席。

我想把帝位让给哥哥。

天下风云

当晚，燕帖木儿秘密去见了文宗，两人密谈了很久。但文宗似乎没有下定决心，所以一连三天，才把事情商量妥当。

几天后的一个上午，八不沙皇后见太阳已经老高了，明宗却还没有起床，就跑去看他。刚走到床边，就吓得尖叫一声，跑了出来。原来，明宗七窍流血地躺在床上，早就一命呜呼了。

皇后的侍女见了，赶忙跑去通知大臣。大臣又把文宗叫了过来。

文宗见到死去的哥哥，也吓了一跳，接着放声大哭起来。燕帖木儿却镇定地走了过来，从枕边拿出玉玺，交到文宗手中，说："这个是先帝留着传给太弟的。既然先帝已经过世，这个就是您的了。"

就这样，明宗才过了七个月的皇帝瘾，就遭到了暗算，去世时年仅三十。不久，文宗再次登上了皇位。

复位后，文宗做的头一件事情是什么呢？哈，当然是大肆修建寺院，皈依佛教，忏悔自己的罪过啦！

皇上暗示我杀八不沙吗

编辑老师：

你们好！我是文宗的皇后卜答失里。明宗死后，皇上一直对他的皇后八不沙以礼相待。可是，八不沙却不知好歹，整天哭哭啼啼，还老是对人乱发脾气。

最近，外面又出现了很多谣言，我就对皇上说："自从明宗死后，大家就议论纷纷，说这件事是燕帖木儿策划的，连皇上都逃不脱关系。我看，八不沙皇后已经怀疑您了，不如咱们斩草除根，以绝后患！"

皇上听了，叹着气说："我被燕帖木儿迷惑，已经做下了不仁不义的事，现在，还要我再做一次吗？可是，事到如今，我也只能将错就错了。"

他还说："我不忍心下旨，如果一定要杀掉她，就让别人去做吧。"

我认为，皇上是在暗示我，让我去杀掉八不沙，编辑老师们认为呢？

爱育黎拔力八达

皇后：

您好！不管皇上有没有这个意思，但可以肯定的是，如果您真的杀掉了八不沙，皇上心里只会更加内疚。也许，将来他受不了良心的谴责，会把皇位传给明宗的儿子呢。

现在，您确定还要杀八不沙皇后吗？

（后来，卜答失里还是把八不沙毒死了，并对外宣称，八不沙皇后是暴病身亡。）

百姓茶馆

张大爷

真是最毒妇人心啊,这个卜答失里皇后不但把明宗的皇后害死了,还想把明宗的两个儿子懿(yì)璘(lín)质班和妥懽(huān)帖睦尔赶走。文宗不同意,她居然诬陷妥懽帖睦尔不是明宗的亲生骨肉,硬是把他和他娘赶出了宫外。

李铁匠

当今皇上(元文宗)有两大宠臣,一个是太平王燕帖木儿,另一个就是伯颜。不过,这个伯颜可不是元世祖时期的伯颜,只是恰好同名而已。

剪羊毛的大婶

是啊是啊,听说,皇上不仅让二皇子认燕帖木儿为义父,还给他改名为燕帖古思,哈哈,真是太有趣了!

舞女

这个燕帖木儿,可真是不得了。前不久,他还娶了泰定帝的皇后和两个妃子呢!皇上知道这件事后,不但不生气,还派人送了很多礼品!大家都说现在天下只知有太平王,不知有文宗呢!

偷偷溜出宫的宫女

不过,燕帖木儿自从娶了这三个美人后,就不怎么管理国事了。现在,朝廷里的大小事务,都由伯颜管理。我看,伯颜的权势已经快超过燕帖木儿啦!

施巧计赶走伯颜

1332年，文宗死的时候，出于愧疚，把皇位传给了明宗七岁的儿子——懿璘质班（史称元宁宗）。可是不到两个月，宁宗就得绝症死了。于是，宁宗的哥哥妥懽帖睦尔当了皇帝（史称元顺帝）。

顺帝统治时期，丞相伯颜独揽了朝政大权。他在皇帝身边安排了很多人，监视皇帝的一举一动。顺帝对他又恨又怕，可又不敢得罪他。

有一次，伯颜捏造了一堆罪名，请求顺帝杀掉宣让王帖木儿不花、威顺王宽彻普化。

顺帝说："这事得有证据才行啊！"

于是，伯颜列出了一大堆捕风捉影的"证据"，顺帝只好装哑巴。

见顺帝不说话，伯颜愤怒地出去了。顺帝以为这事儿就这么算了，谁知，伯颜回去后假传圣旨，把宣让王和威顺王赶出了京城。

伯颜有一个养子叫脱脱，他对伯颜的做法十分担忧，便跑去问老师吴直方该怎么办。

吴直方说："为了天下人而大义灭亲，这是大丈夫应该做的。"

于是，脱脱去见了顺帝，把自己的想法说了。刚开始，顺帝并不信任脱脱，还派人去调查他。不久，派去的人回来说："脱脱是个忠臣。"顺帝这才相信脱脱。

1340年春天，伯颜邀顺帝去柳林打猎。顺帝知道，伯颜这是想借打猎的机会加害自己，于是问脱脱怎么办。

天下风云

伯颜终于出城了！关城门！

脱脱说："不如您装病，让皇太弟（文宗的儿子燕帖古思）代替您去吧。"

顺帝按他说的办了。伯颜见计划失败，非常懊恼，但又不好不去，只得陪皇太弟去打猎。他们刚刚出京，脱脱就把城门关了，并秘密派人去接皇太弟回来。皇太弟被接回来后，脱脱又将城门关上了。

伯颜一觉睡醒，发现皇太弟不见了，赶紧往回跑。他一口气跑到城门口，只见脱脱坐在城头，大声宣布说："皇上有旨，只罢免丞相一个人，其他人无罪。"

没办法，伯颜只好掉头往回走。路上，他垂头丧气地问来往的百姓："你们见过儿子杀父亲的吗？"

"没见过，我们只听说臣子要杀国君的。"

伯颜听出弦外之音，只好灰溜溜地离开了。没多久，他就死在了路上。

能诗能画的王冕

1310年,王冕(miǎn)出生在一户贫民人家。由于家里穷,很小的时候,王冕就要去放牛。不过,他常常利用放牛的机会,跑去附近的私塾,趴在窗口听课。

有一次,等他听完课,回去找牛的时候,牛已经不知跑到哪里去了。为此,王冕挨了父亲一顿"竹鞭炒肉"。可即便如此,王冕还是不忘学习。他常常跑到庙里去,借着长明灯的光彻夜苦读。

庙里有很多土造的佛像,有些佛像面目狰狞,王冕虽然是个小孩子,可他一点儿也不怕。有个叫韩性的学者听说后,就把他收为弟子,教他儒学。

长大后,王冕既能写诗,又能画画,成了当地有名的才子。他尤其擅长画梅花,他画的梅花清新雅致,与众不同。尤其枝条和花蕊,显得分外自然。

他还作过一首《墨梅》诗:
我家洗砚池边树,
朵朵花开淡墨痕。
不要人夸颜色好,
只留清气满乾坤。

其中,"不要人夸颜色好,只留清气满乾坤"这一句,写得非常传神,表达了作者洁身自好的高尚品质。

有个官员听说了王冕的才华,想举荐他做一个小官。王冕一口拒绝了,说:"我有田可以耕,有书可以读,为什么要整天抱着文卷,站在公堂上,供人奴役呢!"

神话中得来的灵感

一提起朱碧山,大伙儿都知道,他是我国著名的金银器雕刻家。最近,朱碧山打造了一件特别有意思的银制品,是什么呢?它是一只巧夺天工的槎(chá)形杯(木筏形状的杯子)。

说起这个槎形杯的灵感,来自于一个神话传说。

西汉时,黄河经常发大水,给两岸的老百姓带来了极重的灾难。那时的人们相信,黄河水来自天上,于是派张骞乘木槎逆流而上,去寻找黄河的源头。

张骞在黄河上漂啊漂,一天,遇到了一个织布的女童和一个牵着牛来河边喝水的男童。男童问张骞:"你到这儿来做什么呀?"

"这是什么地方?"张骞反问道。

男童没有回答,女童从织机上取下一块压布匹用的石头,对他说:"你拿着这个去问四川的隐士严君平吧,他会告诉你的。"

张骞回去后,便带着石头去拜访严君平。严君平说:"你这是到了银河,遇见了牛郎织女啊!"

这个神话给了朱碧山灵感,他想,我为什么不做一个槎形的银杯呢?于是,他立即动手制作。不多久,一个精巧而富有创意的槎形杯就诞生啦!

这个杯子用白银铸成独木舟的样子,中间是空的,可以盛酒,上面还斜坐着一个老翁。他正凝视着手中的书卷,神态逼真、非常生动。

杯子做好后,很快就被送到皇宫,受到了贵族的欢迎。

名人有约

身份：元顺帝

大：大嘴记者　**妥**：妥懽帖睦尔

大：皇上您好，听说，您在做皇帝之前，曾被赶到高丽去了，这是怎么回事？

妥：还不是卜答失里皇后，哦，不，应该是卜答失里太后搞的鬼。当初，她害死了八不沙皇后之后，又让文宗立她的大儿子——阿剌忒纳为太子。可是，她还是对我和弟弟懿璘质班不放心，天天劝文宗把我们赶出皇宫。

大：那后来呢？

妥：当时，我们都只是小孩子，文宗就想等我们长大一点儿再说。可是卜答失里等不及了，她把我的乳母叫来，让她跟文宗说，我不是我父亲的亲生儿子，把我留在宫里，会乱了皇家的血统。（气愤）虽然我的母亲（不是八不沙皇后）出生低贱，可卜答失里也不能这样污蔑我们吧！

大：再后来呢？

妥：后来，文宗相信了她的鬼话，就把我们母子赶到高丽去了，只剩下弟弟一个人孤苦伶仃，也不知道有没有受人欺负。

大：应该没有吧，后来，文宗不是把皇位传给他了吗？可是，文宗明明已经立了自己的儿子，怎么又……

妥：太子病死啦！大家都说，文宗夫妻做了亏心事（杀了明宗夫妻），所以遭到报应了！

大：哦，难怪文宗将皇位传给您弟弟了。不过，您弟弟死后，为什么不让文宗的另一个儿子——燕帖古思继位呢？

妥：燕帖木儿倒是很想立燕帖古思，可是，卜答失里太后坚决不同意，说："明宗的大儿子妥懽帖睦尔已经十三岁啦，让他来当皇帝吧！"

大：啊，这又是为什么？

妥：我猜，自从太子死后，她心里就一直有阴影吧。所以，一个人活在世上，千万不能做亏心事。

大：说得没错！不过，将来您会把皇位还给燕帖古思吗？

妥：我不是把燕帖古思立为皇太弟了吗？不过，燕帖古思这孩子不太听话，我正在想要不要废掉他。

大：……

妥：嗯，我已经下定决心废掉他了！

大：……

妥：我要去写诏书了。记者再见。

大：……

（很快，顺帝就将燕帖古思母子赶出皇宫。没多久，他们就在宫外病死了。）

广告铺

嘉奖令

皇子之师脱脱在当年的云州之行中，不畏强风暴雨，不顾自己性命，将皇子背在背上，赤足奔上山冈，此等忠心，朕深感欣慰。这次朕因轻信小人，怀疑脱脱父子结党营私，将他们放逐，以致脱脱之父中途病逝。若不是左丞相太平提醒，朕还没有意识到，这一切都是朕的错。现特此对脱脱父子提出赦免，马上召回。

妥懽帖睦尔

《倩女离魂》要上演啦

继《西厢记》之后，又一场重磅大戏——《倩女离魂》要上演啦！

《倩女离魂》是著名戏曲家郑光祖的作品，讲述了一个美丽的爱情故事：秀才王文举和张倩女指腹为婚，可是，王家家道中落后，张家却想悔婚。倩女对王文举一片痴心，魂魄竟然离开了身体，去追寻上京赶考的王文举……最后，王文举考上状元，一对苦命人也终于在一起了。

"红牡丹"戏园子，好戏连连，精彩不断！

"红牡丹"戏园子

欢迎光临"元四家"画馆

大家都知道，我们元朝有四位著名的山水画家：赵孟頫、吴镇、黄公望和王蒙，他们被称为"元四家"。本画馆收有他们所有的作品（有些是副本），欢迎各位书画爱好者光临本馆！作为馆主，我非常希望能和大家一起讨论"元四家"的作品！

（"元四家"亦有说法为黄公望、王蒙、倪瓒、吴镇。） "元四家"画馆

第⑫期

【公元1344年—公元1368年】

从哪儿来，回哪儿去

元朝末年，统治者越来越残暴。终于，韩山童、刘福通发动了白莲教起义。接着，各路起义军纷纷涌现。最后，朱元璋灭掉了元朝，把蒙古人赶回了老家。

穿越必读

"开河"悲剧，引来革命风雨
——来自黄河口岸的快报

这些年，元朝统治者对百姓的剥削越来越厉害。有时候，一亩田征的税，比总共收到的粮食还要多。这样下去，叫百姓们怎么活呢？百姓没有粮食吃，只好啃树皮，挖野菜。就连有"鱼米之乡"之称的江南，也饿死了不少人。

再加上脱脱不懂经济，造了很多新钞，这样一来，钞多物少，物价一下子飞涨了十倍多，百姓们苦不堪言，国库里堆的全是纸钞。

1344年，黄河出现了大决堤。朝廷却一直不理不睬，导致连年洪水泛滥。这种情况一直延续了六年。后来，朝廷实在没办法了，就征集了十五万民工去治理黄河。

这些民工每天累死累活，从早干到晚，却连一顿饱饭都吃不上。有时候，他们累得实在动不了了，稍稍休息一下，监工的皮鞭就会迎头打下来。

这些饱受欺凌、虐待的人们默默地承受着，但他们的内心并不平静。终有一天，革命的暴风雨会席卷而来。

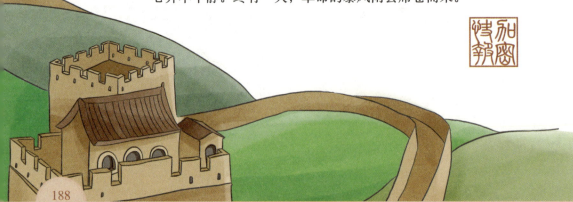

莫道石人一只眼，此物一出天下反

经过"变钞""开河"的悲剧，百姓已走投无路。公元1351年，到处都在传播一个消息：白莲教造反啦！大家出头的日子到了！

白莲教源自佛教白莲宗，由波斯人牟尼创立，武则天时期传入了中国。因白莲教崇尚光明，所以又称"明教"。最初，它只是个地下组织。元统一后，认可了白莲教，从此，白莲教蓬勃发展起来。可后来，朝廷怕白莲教势力太大，就开始封杀，不过为时已晚。随着元朝统治一天天腐败，加入此教的人越来越多，它的实力也更加壮大。

1351年，决堤的黄河还没治理好，民工就忍无可忍了。白莲教的首领韩山童、刘福通判断：看来，起义的时机成熟了。

为调动百姓的积极性，他们做了个一只眼睛的石头人，偷偷埋在黄河的堤岸，然后编了一首歌谣，到处传唱："莫道石人一只眼,此物一出天下反。"

很快，这首歌传开了。没多久，民工在挖土时，挖到了这个石头人。百姓们很惊讶，心想：这不正是"莫道石人一只眼，此物一出天下反"吗？难道是上天要我们造反？趁这个机会，韩山童和刘福通聚集三千人，在颖州颖上县（今安徽颖上）发动了起义。

起义军头裹红巾，因此又称"红巾军"。就这样，轰轰烈烈的白莲教起义爆发了！

奸臣当道，脱脱被迫自杀

自从白莲教起义后，各地的起义军如雨后春笋，纷纷冒了出来。

可这时，顺帝却宠信奸臣哈麻，将皇宫弄得鸡飞狗跳。皇子爱猷（yóu）识理达腊看不过去，就向太师脱脱求助。

脱脱叹了一口气，说："现在到处都是造反的人，刘福通、徐寿辉、方国珍、张士诚、赵普胜……唉，我正想向皇上请求，去讨伐他们，可皇上连后宫都管不好，唉！"

皇子忙说："这全是哈麻害的，他才是罪魁祸首。"

脱脱气愤地说："哈麻这么做，不但负了皇上，也负了我，我马上去见皇上，揭发他的罪行！"

说完，脱脱匆匆跑进了皇宫。顺帝一露面，他便气冲冲地迎上去，请求顺帝将哈麻免职。顺帝随口答应了，却一连好几天，都没有什么动静。

这时，各省传来了叛乱警报。脱脱只好请求亲自出兵。1354年，脱脱奉命出发，路

上会齐各路人马，陆续南下征讨，一路声势浩大，旌旗遮天。

脱脱来势迅猛，高邮的张士诚抵挡不住，只好退回城内。脱脱一边进攻，一边切断了张士诚的后援。

正当张士诚节节败退时，脱脱却接到了皇帝的诏书。参议龚伯知道其中肯定有阴谋，便说："将在外，君命有所不受。不管什么诏书，丞相都不用管，先打败叛军再说吧！"

脱脱摇头说："生死有命，我不能抗旨呀！"说完，便跪着接了诏书。诏书说他劳民伤财，担当不了重任，削去他的官位，贬去淮安。

部下全都大惊失色。省副使哈剌答说："丞相离开后，我们一定会遭人暗算，还不如死在您面前来得痛快！"说完，拔剑往脖子上一横，自杀身亡。脱脱抚尸痛哭，众人都落泪不止。

将哈剌答安葬后，脱脱就上路了。一路上，弟弟被削职，儿子被流放，家产被查抄的消息不断传来。脱脱自己也被转迁到云南，他知道这一切都是哈麻搞的鬼，忍不住叹气说："哈麻，你也太恶毒了！"

不久，脱脱又接到一封密诏，诏书上说顺帝赐了他一杯酒。实际上，这封诏书是哈麻假造的，那杯酒也下了剧毒。脱脱却以为真是皇上的旨意，就把那杯毒酒一饮而尽，不久就死掉了，年仅42岁。

找陈友谅报仇

编辑老师：

你们好！我是天完皇帝（徐寿辉）手下的一个将领。天完皇帝你们知道吧，虽然他以前是个卖布的，但为了让大伙儿过上好日子，他提出"摧富益贫"的口号，发动了起义。所以，他是我心中的大英雄！

我们的起义军也是头戴红巾，也叫"红巾军"（别说我们没创意，天下起义军都是一家嘛）。这些年，我们攻占了不少地盘，比如湖北、湖南、浙江、福建等等，眼看前途一片光明！可就在这时候，皇上竟然被陈友谅杀了！

陈友谅也是我们红巾军的一个将领，但他狼子野心，一心想夺权。那年（公元1360年），他装模作样，请皇上去采石镇拜神，却趁皇上不注意，叫人一锤把皇上的脑袋锤了个稀巴烂。

听说现在，陈友谅已经当上了皇帝，定国号为汉。但是，我是绝不会承认他的。而且我发誓，一定要杀掉他，为天完皇帝报仇！可是，我一个人的力量有限，所以想找个帮手，不知道编辑有什么建议吗？

海都

某将领：

您好！俗话说，"冤冤相报何时了"。所以，做人还是要想开一点。

不过，如果您非要报仇的话，我们给您推荐一个人——朱元璋。据我们观察，他领导的起义军是最有前途的，跟着他，别说一个陈友谅，就算拿下整个元朝都没问题！

祝您好运！

从哪儿来，回哪儿去

恢复宋朝！！！

这些年，起义的号角越吹越响，大伙儿的热情也越来越高。

为了激发大家更多的热情，白莲教打起了"恢复宋朝"的旗帜。这一招还真见效，这时距离宋朝灭亡还不到一百年，因此，大家纷纷怀着对前朝的怀念，来投奔红巾军。

1355年，刘福通将韩山童的儿子韩林儿立为小明王（韩山童早已经战死了），国号大宋，算是正式建立了政权。

接着，刘福通派出三路大军，开始北伐。起义军一路攻城略地，将元军打得落花流水。民间还出现了这样一首童谣："满城都是火，官府四散躲；城里无一人，红巾席上坐。"

很快，刘福通攻下了开封，并定为都城。

眼看红巾军就要打到大都了，然而这时，张士诚却在高官厚禄的引诱下投降了元军，并帮着元军杀死了刘福通。

刘福通死后，红巾军失去首领，一下子变成了无头苍蝇，没多久就被元军镇压下去了。

不过这时，朱元璋的起义军已经一天天壮大起来。他在军师刘伯温的辅佐下，先是打败了陈友谅的起义军，控制了江南；接着，又消灭了叛徒

张士诚。

1368年,朱元璋在应天(今南京)称帝,定国号为大明。明军一路所向披靡,直逼大都。

眼看起义军打到家门口,顺帝绝望地想:罢了罢了,大不了中原的土地不要了,从哪儿来,回哪儿去吧。

大臣伯颜不花哭着说:"天下是世祖的天下,陛下应当死守,怎么能跑呢?"

死守?顺帝才不想死呢,他只想保命!一天半夜,顺帝带着太子、妃子,慌慌忙忙地从健德门逃出来,一路逃往开平。朱元璋顺利地占领了大都,元朝至此灭亡。

朱元璋又派兵去开平追杀顺帝,顺帝只好再次逃跑,一直跑到漠北草原,继续做他的蒙古可汗(史称北元)。

这下,朱元璋拍了拍手,满意了。他认为,顺帝是个识时务的人,能够顺应天命而逃跑,于是给了他一个封号"顺帝"。

百姓茶馆

侯大伯：唉，这个张士诚，怎么就做了叛徒呢？还记得当年，他是个盐贩子，因为受不了朝廷的欺压，所以挥舞着扁担，和兄弟、朋友等18个人发动起义。当时，大伙儿还戏称这是"十八挑扁担起义"呢。

黄大爷：哈哈，我发现一个有趣的现象：张士诚是卖盐的，徐寿辉是卖布的，陈友谅是捕鱼的，最猛的要数朱元璋了，竟然当过和尚、乞丐。哈哈，这些起义军，果然是咱们老百姓的队伍啊！

赵大叔：听说，在这些起义军首领中，陈友谅最凶悍，张士诚最有钱。不过，陈友谅有勇无谋；而张士诚呢，光有钱，没什么远大抱负，难怪最后都被朱元璋灭了。

李嬷嬷：这下总算是把元朝统治者给赶出去了。你们看，就连天气也是风和日丽的，到处一派升平的景象。看来，老百姓的好日子快要来临了！

奇男子王保保

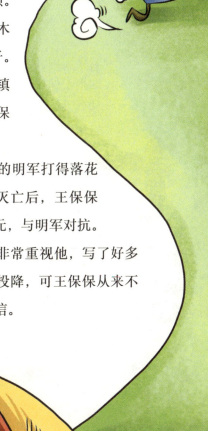

哼！抓不住我！

朱元璋灭掉元朝后，说了这样一句话："现在天下统一，我只有三件事放不下。一是少了传国玉玺，二是没有捉到王保保，还有就是元太子不知跑到哪里去了。"

咦，这个王保保是谁，朱元璋怎么这么看重他呢？

王保保又叫扩廓帖木儿，是元朝一位将领。他的父亲是中原人，母亲是元朝将领察罕帖木儿的姐姐。后来，舅舅察罕帖木儿收他做了养子。

元末农民起义爆发后，察罕帖木儿领兵镇压红巾军，结果被红巾军杀了。因此，王保保子承父业，继续与起义军对抗。

王保保的军队勇猛无比，多次将朱元璋的明军打得落花流水。元朝灭亡后，王保保继续保卫北元，与明军对抗。

朱元璋非常重视他，写了好多信劝他投降，可王保保从来不给他回信。

八卦驿站

有一次,朱元璋宴请众将领时,笑着问:"你们知道天下的奇男子是谁吗?"

大家都说:"当然是常遇春(朱元璋手下的大将)啦,他领着不到万人的兵马,就可以天下无敌,是真正的奇男子!"

朱元璋却摇摇头,说:"常遇春虽然不错,但他也要臣服于我。可是,我却不能让王保保向我称臣。因此,王保保才是天下第一奇男子!"

为此,民间还有个幽默的说法,如果有人为一点儿小事骄傲自满,大家就讽刺他说:"有本事到西边把王保保抓来呀!"

名人有约

大嘴记者

特约嘉宾：**刘伯温**

身份：朱元璋的谋臣

大：大嘴记者　刘：刘伯温

大： 刘大人您好！大家都说，朱元璋建立的帝业，有您一半功劳！大家还说，如果朱元璋是刘备，您就是神机妙算的诸葛亮！

刘： 过奖过奖。不过，记者你直呼皇上的名字，恐怕不太好吧。

大： 嘻嘻，我知道您会替我保密的。听说，您从小就聪明过人，而且喜欢读书。您读起书来，那可是一目十行啊！有没有这么夸张？

刘： 不是夸张，是事实。我12岁就考中了秀才，14岁就去府学（国家专门培养人才的学府）读书了。那时候，同学们都读不懂《春秋》，但我默读两遍，就能背下来。很快，我就把《春秋》读完了。

大： 哇！除了《春秋》，您还读过什么书呢？

刘： 多了，除了诸子百家，我特别爱看天文、地理、兵法、数学之类的书。记得有一次，我在一家书店看到一本天文书，刚翻了几页，就被吸引住了。于是，我一口气把这本书读完，还当场把里面的内容背了出来。

大： 天哪，我要是店主，一定会目瞪口呆的！

刘： 哈哈，当时店主的确"目瞪口呆"了，还要把那本书送给我。不过我没要，因为书中的知识已经装在我心中了，书已经对我没用啦！

名人有约

大： 佩服！佩服！后来，您是怎么跟的朱元璋呢？

刘： 很简单，他不知从哪听说了我的名字，就把我请到应天，做他的谋臣了。

大： 听说当时，大家都认为张士诚有钱，应该先打张士诚。可是您却提出，要先打陈友谅，再打张士诚，这是为什么？

刘： 张士诚这个人我了解，成不了大气候。可陈友谅就不同了，他对我们是个不小的威胁。所以，一定要先打败陈友谅，到时候对付张士诚还不是小菜一碟的事。

大： 原来是这样，幸好朱元璋听了您的意见。据说，朱元璋原本是拥护"小明王"韩林儿的，后来，也是您出主意把小明王弄死了，让朱元璋自立为王。

刘： 呃，这个嘛……没错。

大： 大家都说，如果没有您，朱元璋不知道死了多少回了。那朱元璋做了皇帝，如果他要封您为丞相，您会接受吗？

刘（摇头）： 我这个人太直了，很容易得罪人，所以不适合做官。比起做丞相来，我更想早点儿回家安享晚年。

大： 哈哈，那就祝您"梦想成真"！

广告铺

乘龙舟活动通知

　　为给宫中美人增加点儿娱乐项目,朕决定在皇宫的太液池举办一场乘龙舟(注意,不是赛龙舟)活动。这艘龙舟是朕亲手设计的,长一百二十尺,宽二十尺。船一开动,龙头、龙眼、龙口、龙爪、龙尾都会动。请点到名的妃子、宫女、太监们,务必准时参加。

妥懽帖睦尔

加入红巾军吧

　　当官的上任、卸任,百姓要交人情钱;逢年过节,百姓要交追节钱;就连官员平时办事,也要百姓交公事钱、常例钱;还有各种各样五花八门的钱!

　　兄弟姐妹们,这样的世道,你们还能忍受下去吗?快快加入我们红巾军吧,让我们一起建立一个美好、公平的世界!

徐寿辉

《正宫·醉太平》

　　堂堂大元,奸佞(nìng)当权。开河变钞祸根源,惹红巾万千。官法滥、刑法重、黎民怨。人吃人,钞买钞,何曾见?贼做官,官做贼,混愚贤。哀哉可怜!

无名氏

智者第 4 关

1. 英宗在哪场事变中被杀？
2. 元朝时期，汉人的地位高吗？
3. "千古奇冤"指的是关汉卿的哪一部作品？
4. 公元1238年，元朝出现了几个皇帝，几个年号？
5. 是谁帮助顺帝赶走了伯颜？
6. "不要人夸颜色好，只留清气满乾坤"，这两句诗是谁写的？
7. 郑光祖最有名的作品是哪一部？
8. 伯颜掌权时，曾废除科举制度，后来又被谁恢复了？
9. 白莲教起义之前，民间传唱的一首歌谣是什么？
10. 元军大败之后，元朝最后一任皇帝元顺帝去了哪里？
11. 韩山童和刘福通的起义军以红巾包裹头部，因此被叫作什么？
12. "明教"就是"白莲教"吗？
13. 在文学方面，唐朝有唐诗，宋朝有宋词，元朝有什么？
14. 元朝的前后各是什么朝代？
15. 元朝是被谁消灭的？

智者为王答案

第❶关答案

1. 孛端察儿的后人海都。
2. 长生天。
3. 结拜兄弟。
4. 三次。
5. 孛儿只斤氏一直掌管着蒙古人的王位。
6. 团结就是力量。
7. 篾儿乞部。
8. 他们是同一个人。
9. 十三翼之战。
10. 《大扎撒》。
11. 维吾尔族。
12. 全真教。
13. 塔塔儿部落。
14. 成吉思汗规定，15~70岁的男人都要服兵役。
15. 诸王大会。
16. 塔塔统阿。

第❷关答案

1. 都被杀了。
2. 拔都。
3. 喝酒喝死的。
4. 第六位皇后乃马真。
5. 黑色。
6. 钦察汗国、察合台汗国、窝阔台汗国和伊儿汗国。
7. 拔都。
8. 孙子。
9. 旭烈兀。
10. 八思巴。
11. 蒙哥攻打钓鱼城时，被石头砸伤了，不久就死了。
12. 忽必烈和阿里不哥。
13. 不是。
14. 海都。
15. 忽必烈。

智者为王答案

第3关答案

1. 忽必烈。
2. 大都。
3. 忽必烈是铁穆耳的爷爷。
4. 不是。
5. 意大利的威尼斯。
6. 不是,是他的一个狱友鲁思梯谦写的。
7. 因为遇到了台风。
8. 有可能,元朝就发生过。
9. 《授时历》。
10. 是的。
11. 儿子。
12. 是的。
13. 《天净沙·秋思》
14. 黄道婆。

第4关答案

1. 南坡之变。
2. 不高,汉人受尽了歧视。
3. 《感天动地窦娥冤》。
4. 三个皇帝,四个年号。
5. 脱脱。
6. 王冕。
7. 《倩女离魂》。
8. 元顺帝。
9. "莫道石人一只眼,此物一出天下反。"
10. 回到了蒙古草原。
11. 红巾军。
12. 是的。
13. 元曲。
14. 元朝之前是宋朝,元朝之后是明朝。
15. 朱元璋。

给力的答案!